落其实者思其树，饮其流者怀其源。

谨以此书感谢香港意得集团有限公司对满文古籍文献事业发展的
重视以及对满文档案整理研究工作的大力支持。

“十四五”国家重点出版物出版规划项目

清代黑龙江户口档案选编

鄂伦春索伦达呼尔贡貂牲丁册

第七册

黑龙江省档案馆　黑龙江大学满学研究院◎编

黑龍江大學出版社

图书在版编目（CIP）数据

清代黑龙江户口档案选编．鄂伦春索伦达呼尔贡貂牲丁册．光绪朝 / 黑龙江省档案馆，黑龙江大学满学研究院编．-- 哈尔滨 ：黑龙江大学出版社，2023.12
ISBN 978-7-5686-1075-9

Ⅰ．①清… Ⅱ．①黑… ②黑… Ⅲ．①户籍－历史档案－档案整理－黑龙江省－清代 Ⅳ．①K293.5

中国国家版本馆 CIP 数据核字（2023）第 254625 号

清代黑龙江户口档案选编・鄂伦春索伦达呼尔贡貂牲丁册（光绪朝）
QINGDAI HEILONGJIANG HUKOU DANG'AN XUANBIAN・ELUNCHUN SUOLUN DAHU'ER GONGDIAO SHENGDINGCE（GUANGXU CHAO）
黑龙江省档案馆　黑龙江大学满学研究院　编

策　　划　戚增媚　陈连生
责任编辑　魏　玲
出版发行　黑龙江大学出版社
地　　址　哈尔滨市南岗区学府三道街 36 号
印　　刷　哈尔滨市石桥印务有限公司
开　　本　880 毫米 ×1230 毫米　1/16
印　　张　200
字　　数　2562 千
版　　次　2023 年 12 月第 1 版
印　　次　2023 年 12 月第 1 次印刷
书　　号　ISBN 978-7-5686-1075-9
定　　价　1280.00 元（全十册）

本书如有印装错误请与本社联系更换，联系电话：0451-86608666。

版权所有　侵权必究

目录

管理布特哈索伦达呼尔等处地方副都统衔总管诺穆德勒赫尔等为呈报摩凌阿鄂伦春贡貂牲丁旗佐职名册致黑龙江将军（光绪三年六月二十四日） 1

正红旗阿穆丕木巴牛录贡貂牲丁职名册 1

正红旗托精阿牛录贡貂牲丁职名册 4

正红旗德迷善牛录贡貂牲丁职名册 6

镶白旗和寿牛录贡貂牲丁职名册 7

镶红旗正常牛录贡貂牲丁职名册 9

正蓝旗巴尼遴扎布牛录贡貂牲丁职名册 11

管理布特哈索伦达呼尔等处地方副都统衔总管诺穆德勒赫尔等为呈报布特哈不食饷雅发罕鄂伦春贡貂牲丁旗佐职名册致黑龙江将军（光绪三年六月二十四日） 17

镶黄旗鄂伦春德济木保牛录贡貂牲丁职名册 17

镶黄旗鄂伦春爱图山牛录贡貂牲丁职名册 34

镶黄旗鄂伦春吉隆阿牛录贡貂牲丁职名册 47

正白旗毕拉尔额勒图牛录贡貂牲丁职名册 52

正白旗毕拉尔德木清额牛录贡貂牲丁职名册 56

正红旗鄂伦春托精阿牛录贡貂牲丁职名册 66

镶白旗鄂伦春和寿牛录贡貂牲丁职名册 68

正蓝旗鄂伦春巴尼遴扎布牛录贡貂牲丁职名册 77

【贡貂牲丁职名册】（光绪五年六月二十一日） 83

【镶黄旗鄂伦春】爱图山牛录贡貂牲丁职名册 97

【镶黄旗鄂伦春】吉隆阿牛录贡貂牲丁职名册 109

正白旗毕拉尔额勒图牛录贡貂牲丁职名册 113

正白旗毕拉尔德木清额牛录贡貂牲丁职名册 117

正红旗鄂伦春托精阿牛录贡貂牲丁职名册 126

镶白旗鄂伦春和寿牛录贡貂牲丁职名册 128

正蓝旗鄂伦春巴尼遴扎布牛录贡貂牲丁职名册 136

【贡貂牲丁职名册】（光绪六年六月二十九日） 143
【镶黄旗鄂伦春】爱图山牛录贡貂牲丁职名册 153
【镶黄旗鄂伦春】吉隆阿牛录贡貂牲丁职名册 165
正白旗毕拉尔布喇特琛牛录贡貂牲丁职名册 170
正白旗毕拉尔德木清额牛录贡貂牲丁职名册 175
正红旗鄂伦春托精阿牛录贡貂牲丁职名册 184
镶白旗鄂伦春和寿牛录贡貂牲丁职名册 187
正蓝旗鄂伦春巴尼遴扎布牛录贡貂牲丁职名册 196
管理布特哈索伦达呼尔等处地方副都统衔总管诺穆德勒赫尔等为呈报食饷摩凌阿鄂伦春贡貂牲丁旗佐职名册致黑龙江将军（光绪十一年六月十九日） 203
正红旗都隆阿牛录贡貂牲丁职名册 203
正红旗托精阿牛录贡貂牲丁职名册 206
正红旗德迷善牛录贡貂牲丁职名册 208
镶白旗和寿牛录贡貂牲丁职名册 209
镶红旗正常牛录贡貂牲丁职名册 211
正蓝旗巴尼遴扎布牛录贡貂牲丁职名册 213
管理布特哈索伦达呼尔等处地方副都统衔总管诺穆德勒赫尔等为呈报索伦达呼尔贡貂牲丁旗佐职名册致黑龙江将军（光绪十一年六月十九日） 219
镶黄旗贲吉善牛录贡貂牲丁职名册 219
镶黄旗保元牛录贡貂牲丁职名册 223
镶黄旗音登托克托牛录贡貂牲丁职名册 229
镶黄旗德勒顺牛录贡貂牲丁职名册 233
镶黄旗布空阿牛录贡貂牲丁职名册 237
镶黄旗成明牛录贡貂牲丁职名册 242
镶黄旗拉新吐牛录贡貂牲丁职名册 246
镶黄旗莫墨和济牛录贡貂牲丁职名册 247
镶黄旗奇普松武牛录贡貂牲丁职名册 251
镶黄旗常云牛录贡貂牲丁职名册 255
镶黄旗讷恩登额牛录贡貂牲丁职名册 259
镶黄旗巴凌阿牛录贡貂牲丁职名册 260
正黄旗萨彬吐牛录贡貂牲丁职名册 262
正黄旗奇石巴牛录贡貂牲丁职名册 269
正黄旗兴福牛录贡貂牲丁职名册 277
正黄旗瑞庆牛录贡貂牲丁职名册 282
正黄旗同克牛录贡貂牲丁职名册 292
正黄旗乌克都喜牛录贡貂牲丁职名册 296

正黄旗黑狗牛录贡貂牲丁职名册 301
正黄旗乌勒兴阿牛录贡貂牲丁职名册 306
正黄旗常云阿牛录贡貂牲丁职名册 309
正黄旗三布牛录贡貂牲丁职名册 313
正黄旗托普升额牛录贡貂牲丁职名册 317
正黄旗倭克精阿牛录贡貂牲丁职名册 323
正黄旗西朗阿牛录贡貂牲丁职名册 325
正黄旗业普春牛录贡貂牲丁职名册 329
正黄旗兴亮牛录贡貂牲丁职名册 335
正黄旗海忠牛录贡貂牲丁职名册 342
正黄旗英新保牛录贡貂牲丁职名册 347
正黄旗奇狗牛录贡貂牲丁职名册 351
正黄旗里兴额牛录贡貂牲丁职名册 354
正白旗明凌牛录贡貂牲丁职名册 360
正白旗萨勒扎玛牛录贡貂牲丁职名册 364
正白旗吉林牛录贡貂牲丁职名册 371
正白旗赛清阿牛录贡貂牲丁职名册 376
正白旗克西克吐牛录贡貂牲丁职名册 382
正白旗奇普兴武牛录贡貂牲丁职名册 385
正白旗德依丰阿牛录贡貂牲丁职名册 389
正白旗富常牛录贡貂牲丁职名册 391
正白旗洪泰牛录贡貂牲丁职名册 394
正白旗松寿牛录贡貂牲丁职名册 395
正白旗清明阿牛录贡貂牲丁职名册 399
正白旗精保牛录贡貂牲丁职名册 402
正白旗崇凌牛录贡貂牲丁职名册 407
正白旗双林牛录贡貂牲丁职名册 410
正白旗精通阿牛录贡貂牲丁职名册 416
正白旗英常牛录贡貂牲丁职名册 419
正白旗常福牛录贡貂牲丁职名册 426
正红旗兴福牛录贡貂牲丁职名册 429
正红旗文普牛录贡貂牲丁职名册 431
正红旗凌福牛录贡貂牲丁职名册 432
正红旗明福牛录贡貂牲丁职名册 434
正红旗穆苏孟库牛录贡貂牲丁职名册 436

正红旗岱通阿牛录贡貂牲丁职名册 440
正红旗英隆阿牛录贡貂牲丁职名册 441
正红旗托萨吐牛录贡貂牲丁职名册 443
正红旗精德牛录贡貂牲丁职名册 445
正红旗察隆阿牛录贡貂牲丁职名册 448
正红旗穆通额牛录贡貂牲丁职名册 451
正红旗忠保牛录贡貂牲丁职名册 457
正红旗双凌牛录贡貂牲丁职名册 460
正红旗买通阿牛录贡貂牲丁职名册 463
正红旗赉精额牛录贡貂牲丁职名册 464
正红旗恩特兴阿牛录贡貂牲丁职名册 467
正红旗舒明阿牛录贡貂牲丁职名册 469
镶白旗和山牛录贡貂牲丁职名册 472
镶白旗兴常牛录贡貂牲丁职名册 477
镶白旗定禄牛录贡貂牲丁职名册 479
镶白旗爱新多尔济牛录贡貂牲丁职名册 481
镶白旗凌丰阿牛录贡貂牲丁职名册 484
镶白旗明德牛录贡貂牲丁职名册 485
镶红旗诺钦吉尔嘎儿牛录贡貂牲丁职名册 489
镶红旗德全牛录贡貂牲丁职名册 490
镶红旗扎斯洪阿牛录贡貂牲丁职名册 491
镶红旗蒙库巴雅尔牛录贡貂牲丁职名册 492
镶红旗莫诺惠牛录贡貂牲丁职名册 493
镶红旗狼狗牛录贡貂牲丁职名册 494
镶红旗多们扎普牛录贡貂牲丁职名册 495
正蓝旗卧尔托吉尔嘎儿牛录贡貂牲丁职名册 497
正蓝旗明兴阿牛录贡貂牲丁职名册 499
正蓝旗吉隆阿牛录贡貂牲丁职名册 501
镶蓝旗富全牛录贡貂牲丁职名册 503
镶蓝旗舒敏牛录贡貂牲丁职名册 505
镶蓝旗西拉布牛录贡貂牲丁职名册 507
镶蓝旗富明牛录贡貂牲丁职名册 509
镶蓝旗那新吉尔噶儿牛录贡貂牲丁职名册 511
正红旗都隆阿牛录贡貂牲丁职名册（汉文） 515
正红旗托精阿牛录贡貂牲丁职名册（汉文） 518

正红旗德迷善牛录贡貂牲丁职名册（汉文） 520
镶白旗和寿牛录贡貂牲丁职名册（汉文） 521
镶红旗正常牛录贡貂牲丁职名册（汉文） 523
正蓝旗巴尼音扎普牛录贡貂牲丁职名册（汉文） 525
镶黄旗赍吉善牛录贡貂牲丁职名册（汉文） 529
镶黄旗保元牛录贡貂牲丁职名册（汉文） 533
镶黄旗音登托克托牛录贡貂牲丁职名册（汉文） 539
镶黄旗德勒顺牛录贡貂牲丁职名册（汉文） 543
镶黄旗布空阿牛录贡貂牲丁职名册（汉文） 547
镶黄旗成明牛录贡貂牲丁职名册（汉文） 552
镶黄旗拉新吐牛录贡貂牲丁职名册（汉文） 556
镶黄旗莫墨和济牛录贡貂牲丁职名册（汉文） 557
镶黄旗奇普松武牛录贡貂牲丁职名册（汉文） 561
镶黄旗常云牛录贡貂牲丁职名册（汉文） 565
镶黄旗讷恩登额牛录贡貂牲丁职名册（汉文） 569
镶黄旗巴凌阿牛录贡貂牲丁职名册（汉文） 570
正黄旗萨彬吐牛录贡貂牲丁职名册（汉文） 572
正黄旗奇石巴牛录贡貂牲丁职名册（汉文） 579
正黄旗兴福牛录贡貂牲丁职名册（汉文） 587
正黄旗瑞庆牛录贡貂牲丁职名册（汉文） 592
正黄旗同克牛录贡貂职名册（汉文） 602
正黄旗乌克都喜牛录贡貂牲丁职名册（汉文） 606
正黄旗黑狗牛录贡貂牲丁职名册（汉文） 611
正黄旗乌勒兴阿牛录贡貂牲丁职名册（汉文） 616
正黄旗常云阿牛录贡貂牲丁职名册（汉文） 619
正黄旗三布牛录贡貂牲丁职名册（汉文） 623
正黄旗托普升额牛录贡貂牲丁职名册（汉文） 627
正黄旗倭克精阿牛录贡貂牲丁职名册（汉文） 633
正黄旗西朗阿牛录贡貂牲丁职名册（汉文） 635
正黄旗业普春牛录贡貂牲丁职名册（汉文） 637
正黄旗兴亮牛录贡貂牲丁职名册（汉文） 643
正黄旗海忠牛录贡貂牲丁职名册（汉文） 648
正黄旗英新保牛录贡貂牲丁职名册（汉文） 655
正黄旗奇狗牛录贡貂牲丁职名册（汉文） 659
正黄旗里兴额牛录贡貂牲丁职名册（汉文） 662

正白旗明凌牛录贡貂牲丁职名册（汉文） 668
正白旗萨勒扎玛牛录贡貂牲丁职名册（汉文） 672
正白旗吉林牛录贡貂牲丁职名册（汉文） 679
正白旗赛清阿牛录贡貂牲丁职名册（汉文） 684
正白旗克西克吐牛录贡貂牲丁职名册（汉文） 690
正白旗奇普兴武牛录贡貂牲丁职名册（汉文） 693
正白旗德依丰阿牛录贡貂牲丁职名册（汉文） 697
正白旗富常牛录贡貂牲丁职名册（汉文） 699
正白旗洪泰牛录贡貂牲丁职名册（汉文） 702
正白旗松寿牛录贡貂牲丁职名册（汉文） 703
正白旗清明阿牛录贡貂牲丁职名册（汉文） 707
正白旗精保牛录贡貂牲丁职名册（汉文） 710
正白旗崇凌牛录贡貂牲丁职名册（汉文） 715
正白旗双林牛录贡貂牲丁职名册（汉文） 718
正白旗精通阿牛录贡貂牲丁职名册（汉文） 724
正白旗英常牛录贡貂牲丁职名册（汉文） 729
正白旗常福牛录贡貂牲丁职名册（汉文） 736
正红旗兴福牛录贡貂牲丁职名册（汉文） 739
正红旗文普牛录贡貂牲丁职名册（汉文） 741
正红旗凌福牛录贡貂牲丁职名册（汉文） 742
正红旗明福牛录贡貂牲丁职名册（汉文） 744
正红旗穆苏孟库牛录贡貂牲丁职名册（汉文） 746
正红旗岱通阿牛录贡貂牲丁职名册（汉文） 750
正红旗英隆阿牛录贡貂牲丁职名册（汉文） 751
正红旗托萨吐牛录贡貂牲丁职名册（汉文） 753
正红旗精德牛录贡貂牲丁职名册（汉文） 755
正红旗察隆阿牛录贡貂牲丁职名册（汉文） 758
正红旗穆通额牛录贡貂牲丁职名册（汉文） 761
正红旗忠保牛录贡貂牲丁职名册（汉文） 767
正红旗双凌牛录贡貂牲丁职名册（汉文） 770
正红旗买通阿牛录贡貂牲丁职名册（汉文） 773
正红旗赍精阿（额）牛录贡貂牲丁职名册（汉文） 774
正红旗恩特兴阿牛录贡貂牲丁职名册（汉文） 777
正红旗舒明阿牛录贡貂牲丁职名册（汉文） 779
镶白旗和山牛录贡貂牲丁职名册（汉文） 782

镶白旗兴常牛录贡貂牲丁职名册（汉文） 787
镶白旗定禄牛录贡貂牲丁职名册（汉文） 789
镶白旗爱新多尔济牛录贡貂牲丁职名册（汉文） 791
镶白旗凌丰阿牛录贡貂牲丁职名册（汉文） 794
镶白旗明德牛录贡貂牲丁职名册（汉文） 795
镶红旗诺钦吉尔嘎儿牛录贡貂牲丁职名册（汉文） 799
镶红旗德全牛录贡貂牲丁职名册（汉文） 800
镶红旗扎斯洪阿牛录贡貂牲丁职名册（汉文） 801
镶红旗蒙库巴雅尔牛录贡貂牲丁职名册（汉文） 802
镶红旗莫诺惠牛录贡貂牲丁职名册（汉文） 803
镶红旗狼狗牛录贡貂牲丁职名册（汉文） 804
镶红旗多们扎普牛录贡貂牲丁职名册（汉文） 805
正蓝旗卧尔托吉尔嘎儿牛录贡貂牲丁职名册（汉文） 807
正蓝旗明兴阿牛录贡貂牲丁职名册（汉文） 809
正蓝旗吉隆阿牛录贡貂牲丁职名册（汉文） 811
镶蓝旗富全牛录贡貂牲丁职名册（汉文） 813
镶蓝旗舒敏牛录贡貂牲丁职名册（汉文） 815
镶蓝旗西拉布牛录贡貂牲丁职名册（汉文） 817
镶蓝旗富明牛录贡貂牲丁职名册（汉文） 819
镶蓝旗那新吉尔噶儿牛录牲丁职名册（汉文） 821
【贡貂牲丁职名册】（光绪十一年七月十三日） 825
【镶黄旗】二牛录贡貂牲丁职名册 829
正黄旗头牛录、二牛录贡貂牲丁职名册 836
正白旗头牛录、二牛录贡貂牲丁职名册 852
正红旗头牛录、二牛录贡貂牲丁职名册 867
镶白旗头牛录、二牛录贡貂牲丁职名册 882
镶红旗头牛录、二牛录贡貂牲丁职名册 897
正蓝旗头牛录、二牛录贡貂牲丁职名册 912
镶蓝旗头牛录、二牛录贡貂牲丁职名册 927
【镶黄旗】二牛录贡貂牲丁职名册（汉文） 945
正黄旗头牛录、二牛录贡貂牲丁职名册（汉文） 948
正白旗头牛录、二牛录贡貂牲丁职名册（汉文） 963
正红旗头牛录、二牛录贡貂牲丁职名册（汉文） 978
镶白旗头牛录、二牛录贡貂牲丁职名册（汉文） 993
镶红旗头牛录、二牛录贡貂牲丁职名册（汉文） 1008

正蓝旗头牛录、二牛录贡貂牲丁职名册（汉文） 1023
镶蓝旗头牛录、二牛录贡貂牲丁职名册（汉文） 1037
兴安城署理鄂伦春总管协领凌善为呈报鄂伦春八旗官兵旗佐职名贡貂数致黑龙江将军（光绪十二年五月二十八日） 1053
镶黄旗头牛录、二牛录牲丁职名贡貂数目册 1053
正黄旗头牛录、二牛录牲丁职名贡貂数目册 1069
正白旗头牛录、二牛录牲丁职名贡貂数目册 1085
正红旗头牛录、二牛录牲丁职名贡貂数目册 1100
【镶白旗】头牛录、二牛录牲丁职名贡貂数目册 1115
镶红旗头牛录、二牛录牲丁职名贡貂数目册 1131
正蓝旗头牛录、二牛录牲丁职名贡貂数目册 1147
镶蓝旗头牛录、二牛录牲丁职名贡貂数目册 1162
镶黄旗头牛录、二牛录牲丁职名贡貂数目册（汉文） 1181
正黄旗头牛录、二牛录牲丁职名贡貂数目册（汉文） 1191
正白旗头牛录、二牛录牲丁职名贡貂数目册（汉文） 1206
正红旗头牛录、二牛录牲丁职名贡貂数目册（汉文） 1221
【镶白旗】头牛录、二牛录牲丁职名贡貂数目册（汉文） 1236
镶红旗头牛录、二牛录牲丁职名贡貂数目册（汉文） 1251
正蓝旗头牛录、二牛录牲丁职名贡貂数目册（汉文） 1267
镶蓝旗头牛录、二牛录牲丁职名贡貂数目册（汉文） 1282
【索伦达呼尔贡貂牲丁职名册】（光绪十二年七月初六日） 1299
【镶黄旗】赉吉善牛录贡貂牲丁职名册 1299
【镶黄旗】保元牛录贡貂牲丁职名册 1302
【镶黄旗】音登托克托牛录贡貂牲丁职名册 1309
【镶黄旗】德勒顺牛录贡貂牲丁职名册 1313
【镶黄旗】布空阿牛录贡貂牲丁职名册 1317
【镶黄旗】成明牛录贡貂牲丁职名册 1322
【镶黄旗】拉西勒图牛录贡貂牲丁职名册 1325
【镶黄旗】巴遴牛录贡貂牲丁职名册 1327
【镶黄旗】奇普松武牛录贡貂牲丁职名册 1331
【镶黄旗】常云牛录贡貂牲丁职名册 1335
【镶黄旗】讷恩登额牛录贡貂牲丁职名册 1339
【镶黄旗】巴凌阿牛录贡貂牲丁职名册 1341
正黄旗萨彬吐牛录贡貂牲丁职名册 1343
正黄旗奇石巴牛录贡貂牲丁职名册 1349

正黄旗兴福牛录贡貂牲丁职名册 1357
正黄旗同克牛录贡貂牲丁职名册 1363
正黄旗瑞庆牛录贡貂牲丁职名册 1373
正黄旗乌克都喜牛录贡貂牲丁职名册 1377
正黄旗黑狗牛录贡貂牲丁职名册 1382
正黄旗乌勒兴阿牛录贡貂牲丁职名册 1387
正黄旗常云阿牛录贡貂牲丁职名册 1391
正黄旗三布牛录贡貂牲丁职名册 1394
正黄旗托普升额牛录贡貂牲丁职名册 1399
正黄旗倭克精阿牛录贡貂牲丁职名册 1405
正黄旗德清阿牛录贡貂牲丁职名册 1407
正黄旗业普春牛录贡貂牲丁职名册 1409
正黄旗硕通阿牛录贡貂牲丁职名册 1415
正黄旗海忠牛录贡貂牲丁职名册 1422
正黄旗英新保牛录贡貂牲丁职名册 1427
正黄旗奇狗牛录贡貂牲丁职名册 1431
正黄旗里兴额牛录贡貂牲丁职名册 1434
正白旗明凌牛录贡貂牲丁职名册 1441
正白旗萨勒扎玛牛录贡貂牲丁职名册 1445
正白旗图明额牛录贡貂牲丁职名册 1451
正白旗赛清阿牛录贡貂牲丁职名册 1457
正白旗扎拉汾牛录贡貂牲丁职名册 1464
正白旗奇普兴武牛录贡貂牲丁职名册 1466
正白旗德依丰阿牛录贡貂牲丁职名册 1470
正白旗富常牛录贡貂牲丁职名册 1472
正白旗洪泰牛录贡貂牲丁职名册 1475
正白旗松寿牛录贡貂牲丁职名册 1477
正白旗清明阿牛录贡貂牲丁职名册 1480
正白旗精保牛录贡貂牲丁职名册 1483
正白旗崇凌牛录贡貂牲丁职名册 1489
正白旗双林牛录贡貂牲丁职名册 1491
正白旗精通阿牛录贡貂牲丁职名册 1497
正白旗英常牛录贡貂牲丁职名册 1503
正白旗常福牛录贡貂牲丁职名册 1510
正红旗兴福牛录贡貂牲丁职名册 1513

正红旗文普牛录贡貂牲丁职名册 1515
正红旗凌福牛录贡貂牲丁职名册 1516
正红旗明福牛录贡貂牲丁职名册 1518
正红旗穆苏孟库牛录贡貂牲丁职名册 1520
正红旗岱通阿牛录贡貂牲丁职名册 1524
正红旗英隆阿牛录贡貂牲丁职名册 1525
正红旗扎萨图牛录贡貂牲丁职名册 1527
正红旗兴庸牛录贡貂牲丁职名册 1529
正红旗察隆阿牛录贡貂牲丁职名册 1532
正红旗穆通额牛录贡貂牲丁职名册 1535
正红旗班扎尔达西牛录贡貂牲丁职名册 1541
正红旗双凌牛录贡貂牲丁职名册 1544
正红旗穆克德春牛录贡貂牲丁职名册 1546
正红旗贲精额牛录贡貂牲丁职名册 1547
正红旗恩特兴阿牛录贡貂牲丁职名册 1550
正红旗舒明阿牛录贡貂牲丁职名册 1553
镶白旗和山牛录贡貂牲丁职名册 1556
镶白旗兴常牛录贡貂牲丁职名册 1560
镶白旗定禄牛录贡貂牲丁职名册 1563
镶白旗爱新多尔济牛录贡貂牲丁职名册 1565
镶白旗凌丰阿牛录贡貂牲丁职名册 1567
镶白旗明德牛录贡貂牲丁职名册 1569
镶红旗诺钦吉尔嘎儿牛录贡貂牲丁职名册 1572
镶红旗德全牛录贡貂牲丁职名册 1574
镶红旗扎斯洪阿牛录贡貂牲丁职名册 1575
镶红旗蒙库巴雅尔牛录贡貂牲丁职名册 1576
镶红旗莫诺惠牛录贡貂牲丁职名册 1577
镶红旗狼狗牛录贡貂牲丁职名册 1578
镶红旗多们扎普牛录贡貂牲丁职名册 1579
正蓝旗卧尔托吉尔嘎儿牛录贡貂牲丁职名册 1581
正蓝旗明兴阿牛录贡貂牲丁职名册 1583
正蓝旗吉隆阿牛录贡貂牲丁职名册 1585
镶蓝旗福春牛录贡貂牲丁职名册 1587
镶蓝旗舒敏牛录贡貂牲丁职名册 1588
镶蓝旗西拉布牛录贡貂牲丁职名册 1590

镶蓝旗富明牛录贡貂牲丁职名册 1592

镶蓝旗那新吉尔噶儿牛录贡貂牲丁职名册 1595

管理布特哈索伦达呼尔等处地方副都统衔总管诺穆德勒赫尔等为呈报食饷摩凌阿鄂伦春贡貂牲丁旗佐职名册致黑龙江将军（光绪十二年七月初六日） 1599

正红旗都隆阿牛录贡貂牲丁职名册 1599

正红旗托精阿牛录贡貂牲丁职名册 1601

正红旗德迷善牛录贡貂牲丁职名册 1603

镶白旗和寿牛录贡貂牲丁职名册 1605

镶红旗正常牛录贡貂牲丁职名册 1607

正蓝旗巴尼遴扎布牛录贡貂牲丁职名册 1609

兴安城副都统衔总管乌尔滚巴雅尔为呈报鄂伦春八旗官兵旗佐职名及贡貂数目册致黑龙江将军（光绪十三年） 1615

镶黄旗头牛录、二牛录贡貂牲丁职名册 1615

正黄旗头牛录、二牛录贡貂牲丁职名册 1630

□□旗贡貂牲丁职名册 1651

正白旗头牛录、二牛录贡貂牲丁职名册 1655

正红旗头牛录、二牛录贡貂牲丁职名册 1670

【兴安城副都统衔总管乌尔滚巴雅尔为呈报鄂伦春八旗官兵旗佐职名及贡貂数目册致黑龙江将军（光绪十七年六月初一日）】 1685

【镶黄旗头牛录、】二牛录牲丁职名贡貂数目册 1685

正黄旗头牛录、二牛录牲丁职名贡貂数目册 1698

正白旗头牛录、二牛录牲丁职名贡貂数目册 1713

正红旗头牛录、二牛录牲丁职名贡貂数目册 1728

镶白旗头牛录、二牛录牲丁职名贡貂数目册 1743

镶红旗头牛录、二牛录牲丁职名贡貂数目册 1757

正蓝旗头牛录、二牛录牲丁职名贡貂数目册 1773

镶蓝旗头牛录、二牛录牲丁职名贡貂数目册 1787

镶黄旗头牛录、二牛录牲丁职名贡貂数目册（汉文） 1806

正黄旗头牛录、二牛录牲丁职名贡貂数目册（汉文） 1820

正白旗头牛录、二牛录牲丁职名贡貂数目册（汉文） 1836

正红旗头牛录、二牛录牲丁职名贡貂数目册（汉文） 1850

镶白旗头牛录、二牛录牲丁职名贡貂数目册（汉文） 1864

镶红旗头牛录、二牛录牲丁职名贡貂数目册（汉文） 1879

正蓝旗头牛录、二牛录牲丁职名贡貂数目册（汉文） 1894

镶蓝旗头牛录、二牛录牲丁职名贡貂数目册（汉文） 1908

兴安城副都统衔总管乌尔滚巴雅尔为呈报鄂伦春八旗官兵旗佐职名及贡貂数目册致黑龙江将军（光绪十八年六月初三日） 1927
镶黄旗头牛录、二牛录牲丁职名贡貂数目册 1927
正黄旗头牛录、二牛录牲丁职名贡貂数目册 1941
正白旗头牛录、二牛录牲丁职名贡貂数目册 1953
正红旗头牛录、二牛录牲丁职名贡貂数目册 1966
镶白旗头牛录、二牛录牲丁职名贡貂数目册 1979
镶红旗头牛录、二牛录牲丁职名贡貂数目册 1993
正蓝旗头牛录、二牛录牲丁职名贡貂数目册 2008
镶蓝旗头牛录、二牛录牲丁职名贡貂数目册 2020
镶黄旗头牛录、二牛录牲丁职名贡貂数目册（汉文） 2038
正黄旗头牛录、二牛录牲丁职名贡貂数目册（汉文） 2051
正白旗头牛录、二牛录牲丁职名贡貂数目册（汉文） 2063
正红旗头牛录、二牛录牲丁职名贡貂数目册（汉文） 2075
镶白旗头牛录、二牛录牲丁职名贡貂数目册（汉文） 2088
镶红旗头牛录、二牛录牲丁职名贡貂数目册（汉文） 2101
正蓝旗头牛录、二牛录牲丁职名贡貂数目册（汉文） 2116
镶蓝旗头牛录、二牛录牲丁职名贡貂数目册（汉文） 2128
管理布特哈索伦达呼尔等处地方副都统衔总管福尔苏穆布等为呈报食饷摩凌阿鄂伦春贡貂牲丁旗佐职名册致黑龙江将军（光绪十八年六月二十五日） 2145
正红旗都隆阿牛录贡貂牲丁职名册 2145
正红旗乌尔滚济尔噶勒牛录贡貂牲丁职名册 2147
正红旗德迷善牛录贡貂牲丁职名册 2149
镶白旗和寿牛录贡貂牲丁职名册 2150
镶红旗正常牛录贡貂牲丁职名册 2152
正蓝旗巴尼遴扎布牛录贡貂牲丁职名册 2154
管理布特哈索伦达呼尔等处地方副都统衔总管福尔苏穆布等为呈报索伦达呼尔贡貂牲丁旗佐职名册致黑龙江将军（光绪十八年六月二十五日） 2159
镶黄旗福清阿牛录牲丁职名册 2159
镶黄旗保元牛录牲丁职名册 2162
镶黄旗音登托克托牛录牲丁职名册 2167
镶黄旗德兴阿牛录牲丁职名册 2170
镶黄旗布空阿牛录牲丁职名册 2173
镶黄旗成明牛录牲丁职名册 2177
镶黄旗英福牛录牲丁职名册 2179
镶黄旗福聂松阿牛录牲丁职名册 2181

镶黄旗庄清牛录牲丁职名册 2185
镶黄旗常云牛录牲丁职名册 2187
镶黄旗讷恩登额牛录牲丁职名册 2191
镶黄旗伯庆牛录牲丁职名册 2192
正黄旗萨彬吐牛录牲丁职名册 2194
正黄旗奇石巴牛录牲丁职名册 2199
正黄旗里兴额牛录牲丁职名册 2206
正黄旗同克牛录牲丁职名册 2211
正黄旗倭克精阿牛录牲丁职名册 2219
正黄旗正通牛录牲丁职名册 2223
正黄旗黑狗牛录牲丁职名册 2227
正黄旗德清阿牛录牲丁职名册 2231
正黄旗沃赫勒图牛录牲丁职名册 2235
正黄旗三布牛录牲丁职名册 2238
正黄旗托普升额牛录牲丁职名册 2242
正黄旗库禄山牛录牲丁职名册 2246
正黄旗霍洛山牛录牲丁职名册 2249
正黄旗扎俸阿牛录牲丁职名册 2251
正黄旗硕通阿牛录牲丁职名册 2256
正黄旗赫色布牛录牲丁职名册 2262
正黄旗温忠牛录牲丁职名册 2266
正黄旗囊海牛录牲丁职名册 2270
正黄旗布库波勒多牛录牲丁职名册 2274
正白旗明凌牛录牲丁职名册 2279
正白旗萨勒扎玛牛录牲丁职名册 2283
正白旗凌托牛录牲丁职名册 2288
正白旗赛清阿牛录牲丁职名册 2293
正白旗扎拉汾牛录牲丁职名册 2298
正白旗成德牛录牲丁职名册 2300
正白旗德依丰阿牛录牲丁职名册 2303
正白旗富常牛录牲丁职名册 2305
正白旗洪泰牛录牲丁职名册 2307
正白旗松寿牛录牲丁职名册 2309
正白旗托布清德牛录牲丁职名册 2312
正白旗精保牛录牲丁职名册 2315

正白旗济勒特牛录牲丁职名册 2320
正白旗双林牛录牲丁职名册 2321
正白旗双德牛录牲丁职名册 2326
正白旗英常牛录牲丁职名册 2332
正白旗常福牛录牲丁职名册 2337
正红旗兴福牛录牲丁职名册 2340
正红旗勒海牛录牲丁职名册 2341
正红旗郭顺牛录牲丁职名册 2343
正红旗明福牛录牲丁职名册 2344
正红旗都明牛录牲丁职名册 2346
正红旗岱通阿牛录牲丁职名册 2348
正红旗英隆阿牛录牲丁职名册 2350
正红旗扎萨图牛录牲丁职名册 2351
正红旗兴庸牛录牲丁职名册 2353
正红旗察隆阿牛录牲丁职名册 2355
正红旗穆通额牛录牲丁职名册 2357
正红旗班扎尔达西牛录牲丁职名册 2363
正红旗星德牛录牲丁职名册 2366
正红旗德海牛录牲丁职名册 2367
正红旗赉精额牛录牲丁职名册 2369
正红旗铁郭牛录牲丁职名册 2372
正红旗星清阿牛录牲丁职名册 2374
镶白旗和山牛录牲丁职名册 2377
镶白旗兴常牛录牲丁职名册 2381
镶白旗定禄牛录牲丁职名册 2382
镶白旗爱新多尔济牛录牲丁职名册 2384
镶白旗昌清牛录牲丁职名册 2386
镶白旗明德牛录牲丁职名册 2387
镶红旗诺钦吉尔嘎儿牛录牲丁职名册 2391
镶红旗德全牛录牲丁职名册 2392
镶红旗扎斯洪阿牛录牲丁职名册 2393
镶红旗蒙库巴雅尔牛录牲丁职名册 2394
镶红旗莫诺惠牛录牲丁职名册 2395
镶红旗狼狗牛录牲丁职名册 2396
镶红旗多们扎普牛录牲丁职名册 2397

正蓝旗卧尔托吉尔嘎儿牛录牲丁职名册 2398
正蓝旗明兴阿牛录牲丁职名册 2400
正蓝旗吉隆阿牛录牲丁职名册 2402
镶蓝旗硕尔吉山牛录牲丁职名册 2403
镶蓝旗舒敏牛录牲丁职名册 2404
镶蓝旗西拉布牛录牲丁职名册 2406
镶蓝旗富明牛录牲丁职名册 2408
镶蓝旗那新吉尔噶儿牛录牲丁职名册 2410

布特哈总管为呈报进纳貂皮牲丁皮张数目及设兴安城撤出鄂伦春牲丁数目事致黑龙江将军（光绪二十年五月初二日） 2415

布特哈地方贡貂牲丁数目册（光绪二十年六月十四日） 2435

布特哈镶黄旗贡貂牲丁数目册 2435
布特哈正黄旗贡貂牲丁数目册 2441
布特哈正白旗贡貂牲丁数目册 2450
布特哈正红旗贡貂牲丁数目册 2459
布特哈镶白旗贡貂牲丁数目册 2467
布特哈镶红旗贡貂牲丁数目册 2469
布特哈正蓝旗贡貂牲丁数目册 2472
布特哈镶蓝旗贡貂牲丁数目册 2474

署理兴安城鄂伦春官兵副都统衔总管关防事务协领宜铿额为呈报贡貂鄂伦春八旗官兵旗佐职名貂皮数致黑龙江将军（光绪二十年六月二十日） 2481

镶黄旗头牛录、二牛录牲丁职名贡貂数目册 2481
正黄旗头牛录、二牛录牲丁职名贡貂数目册 2495
正白旗头牛录、二牛录牲丁职名贡貂数目册 2507
正红旗头牛录、二牛录牲丁职名贡貂数目册 2519
镶白旗头牛录、二牛录牲丁职名贡貂数目册 2531
镶红旗头牛录、二牛录牲丁职名贡貂数目册 2545
正蓝旗头牛录、二牛录牲丁职名贡貂数目册 2560
镶蓝旗头牛录、二牛录牲丁职名贡貂数目册 2571
镶黄旗头牛录、二牛录牲丁职名贡貂数目册（汉文） 2590
正黄旗头牛录、二牛录牲丁职名贡貂数目册（汉文） 2603
正白旗头牛录、二牛录牲丁职名贡貂数目册（汉文） 2615
正红旗头牛录、二牛录牲丁职名贡貂数目册（汉文） 2627
镶白旗头牛录、二牛录牲丁职名贡貂数目册（汉文） 2639
镶红旗头牛录、二牛录牲丁职名贡貂数目册（汉文） 2652
正蓝旗头牛录、二牛录牲丁职名贡貂数目册（汉文） 2667

镶蓝旗头牛录、二牛录牲丁职名贡貂数目册（汉文） 2678
【索伦达呼尔贡貂牲丁旗佐职名册】（光绪二十年六月二十九日） 2697
【镶黄旗】波雍德勒赫尔牛录贡貂牲丁职名册 2698
【镶黄旗】音登托克托牛录贡貂牲丁职名册 2703
【镶黄旗】济克色布牛录贡貂牲丁职名册 2707
【镶黄旗】常云牛录贡貂牲丁职名册 2710
【镶黄旗】成明牛录贡貂牲丁职名册 2714
【镶黄旗】英福牛录贡貂牲丁职名册 2716
【镶黄旗】福聂松阿牛录贡貂牲丁职名册 2718
【镶黄旗】德兴阿牛录贡貂牲丁职名册 2722
【镶黄旗】保元牛录贡貂牲丁职名册 2725
【镶黄旗】讷恩登额牛录贡貂牲丁职名册 2729
【镶黄旗】伯庆牛录贡貂牲丁职名册 2730
正黄旗萨彬吐牛录贡貂牲丁职名册 2732
正黄旗奇石巴牛录贡貂牲丁职名册 2737
正黄旗里精阿牛录贡貂牲丁职名册 2745
正黄旗同克牛录贡貂牲丁职名册 2750
正黄旗倭克精阿牛录贡貂牲丁职名册 2759
正黄旗正通牛录贡貂牲丁职名册 2763
正黄旗沃赫勒图牛录贡貂牲丁职名册 2767
正黄旗德清阿牛录贡貂牲丁职名册 2772
正黄旗铁顺牛录贡貂牲丁职名册 2776
正黄旗三布牛录贡貂牲丁职名册 2779
正黄旗托普升额牛录贡貂牲丁职名册 2783
正黄旗库禄山牛录贡貂牲丁职名册 2788
正黄旗霍洛山牛录贡貂牲丁职名册 2791
正黄旗扎俸阿牛录贡貂牲丁职名册 2793
正黄旗明忠牛录贡貂牲丁职名册 2798
正黄旗赫色布牛录贡貂牲丁职名册 2804
正黄旗温忠牛录贡貂牲丁职名册 2809
正黄旗囊海牛录贡貂牲丁职名册 2813
正黄旗布库波勒多牛录贡貂牲丁职名册 2817
正白旗明凌牛录贡貂牲丁职名册 2823
正白旗哈勒珲牛录贡貂牲丁职名册 2827
正白旗济勒特牛录贡貂牲丁职名册 2832

正白旗赛清阿牛录贡貂牲丁职名册 2837

正白旗扎拉汾牛录贡貂牲丁职名册 2842

正白旗成德牛录贡貂牲丁职名册 2844

正白旗德依丰阿牛录贡貂牲丁职名册 2848

正白旗富常牛录贡貂牲丁职名册 2850

正白旗洪泰牛录贡貂牲丁职名册 2852

正白旗凌清牛录贡貂牲丁职名册 2854

正白旗托布清德牛录贡貂牲丁职名册 2857

正白旗精保牛录贡貂牲丁职名册 2860

正白旗察隆阿牛录贡貂牲丁职名册 2865

正白旗双林牛录贡貂牲丁职名册 2867

正白旗双德牛录贡貂牲丁职名册 2873

正白旗英常牛录贡貂牲丁职名册 2878

正白旗常福牛录贡貂牲丁职名册 2885

正红旗景顺牛录贡貂牲丁职名册 2887

正红旗勒海牛录贡貂牲丁职名册 2889

正红旗郭顺牛录贡貂牲丁职名册 2891

正红旗明福牛录贡貂牲丁职名册 2892

正红旗都明牛录贡貂牲丁职名册 2894

正红旗岱通阿牛录贡貂牲丁职名册 2896

正红旗英隆阿牛录贡貂牲丁职名册 2898

正红旗扎萨图牛录贡貂牲丁职名册 2899

正红旗兴庸牛录贡貂牲丁职名册 2901

正红旗察隆阿牛录贡貂牲丁职名册 2903

正红旗穆通额牛录贡貂牲丁职名册 2906

正红旗班扎尔达西牛录贡貂牲丁职名册 2911

正红旗星德牛录贡貂牲丁职名册 2914

正红旗德海牛录贡貂牲丁职名册 2916

正红旗贲精额牛录贡貂牲丁职名册 2917

正红旗铁郭牛录贡貂牲丁职名册 2921

正红旗星清阿牛录贡貂牲丁职名册 2923

镶白旗和山牛录贡貂牲丁职名册 2926

镶白旗兴常牛录贡貂牲丁职名册 2929

镶白旗定禄牛录贡貂牲丁职名册 2931

镶白旗爱新多尔济牛录贡貂牲丁职名册 2933

镶白旗昌清牛录贡貂牲丁职名册 2935

镶白旗珠尔噶山牛录贡貂牲丁职名册 2936

镶红旗诺钦吉尔嘎儿牛录贡貂牲丁职名册 2940

镶红旗德全牛录贡貂牲丁职名册 2941

镶红旗扎斯洪阿牛录贡貂牲丁职名册 2942

镶红旗蒙库巴雅尔牛录贡貂牲丁职名册 2943

镶红旗呼图尔扎布牛录贡貂牲丁职名册 2944

镶红旗狼狗牛录贡貂牲丁职名册 2945

镶红旗多们扎普牛录贡貂牲丁职名册 2946

正蓝旗卧尔托吉尔嘎儿牛录贡貂牲丁职名册 2948

正蓝旗明兴阿牛录贡貂牲丁职名册 2950

正蓝旗吉隆阿牛录贡貂牲丁职名册 2951

镶蓝旗硕尔吉山牛录贡貂牲丁职名册 2952

镶蓝旗西木噶济尔噶儿牛录贡貂牲丁职名册 2954

镶蓝旗西拉布牛录贡貂牲丁职名册 2955

镶蓝旗国瓦木布琫克西克牛录贡貂牲丁职名册 2957

镶蓝旗那新吉尔噶儿牛录贡貂牲丁职名册 2959

布特哈副都统为报送摩凌阿鄂伦春贡貂牲丁旗佐职名册致黑龙江将军（光绪二十一年五月二十四日） 2963

正红旗都隆阿牛录贡貂牲丁职名册 2963

正红旗乌尔滚济尔噶勒牛录贡貂牲丁职名册 2965

正红旗德迷善牛录贡貂牲丁职名册 2967

镶白旗和寿牛录贡貂牲丁职名册 2968

镶红旗正常牛录贡貂牲丁职名册 2970

正蓝旗巴尼遴扎布牛录贡貂牲丁职名册 2971

为报送毕拉尔路鄂伦春贡貂官兵旗佐职名册致黑龙江将军（光绪二十三年六月初八日） 2977

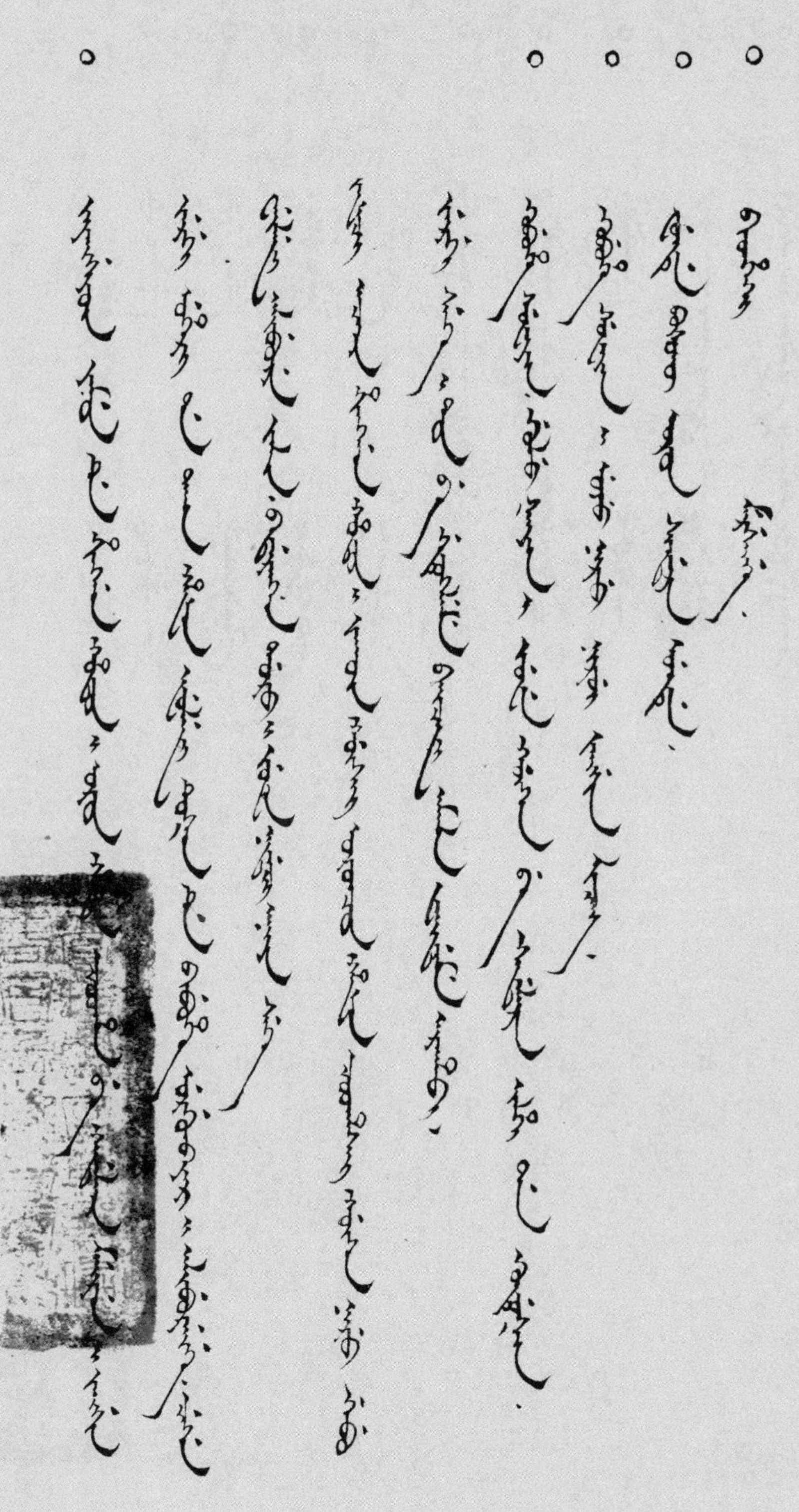

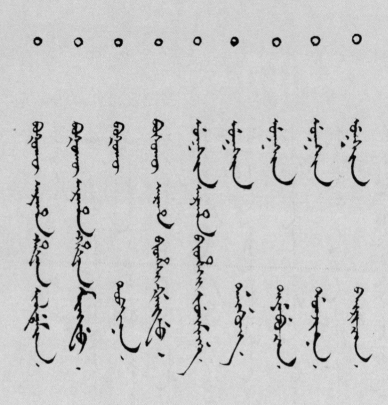

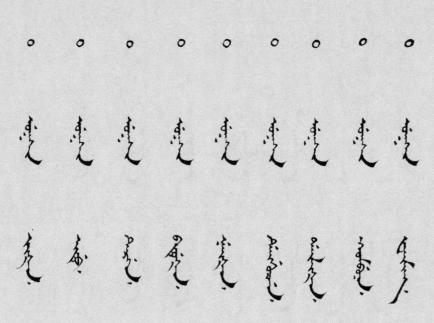

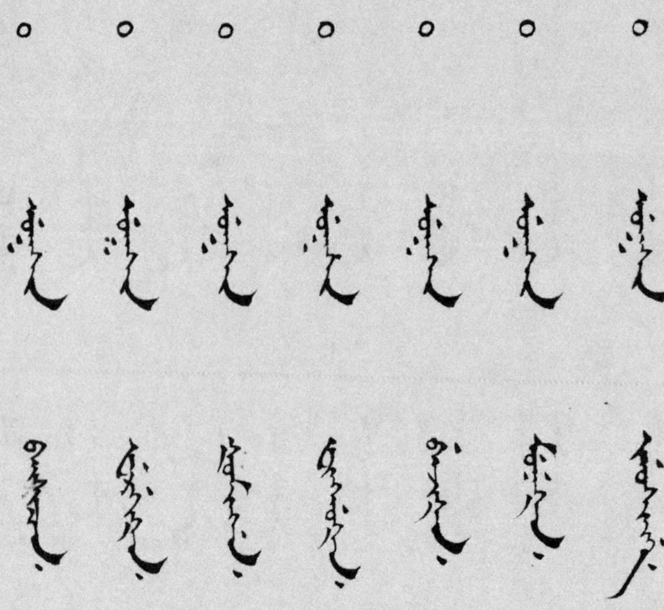

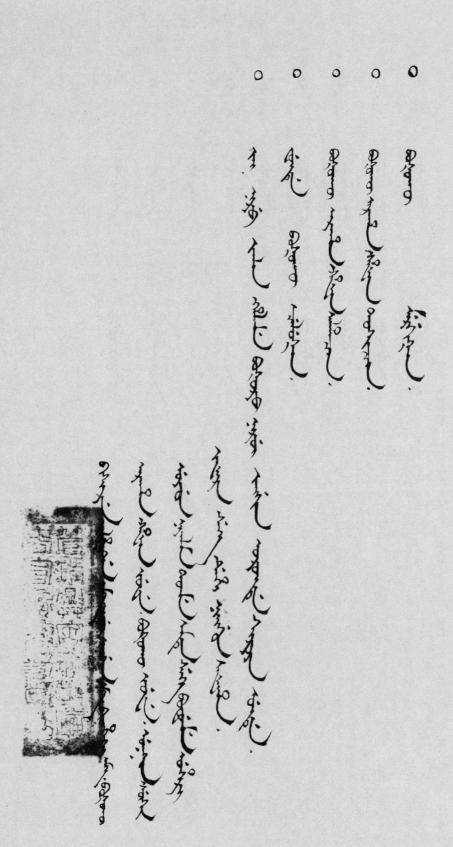

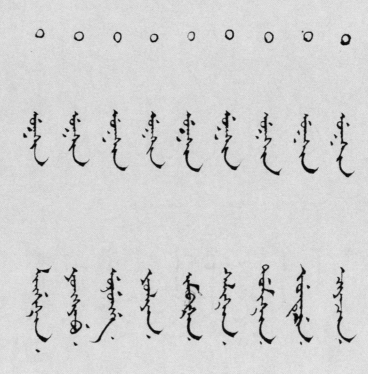

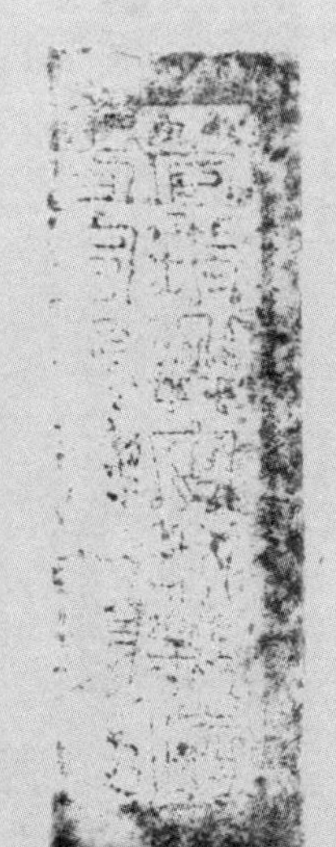

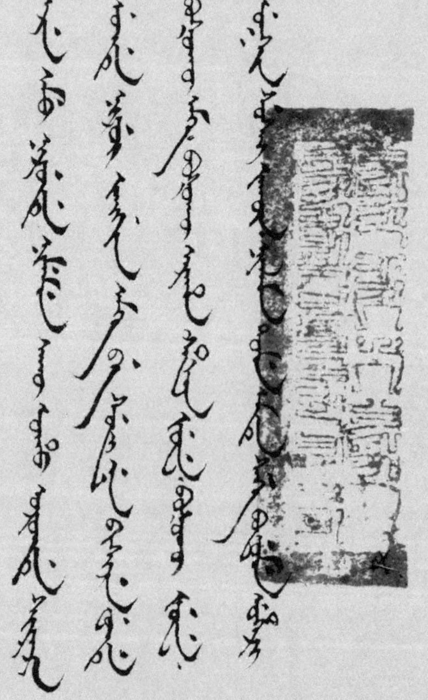

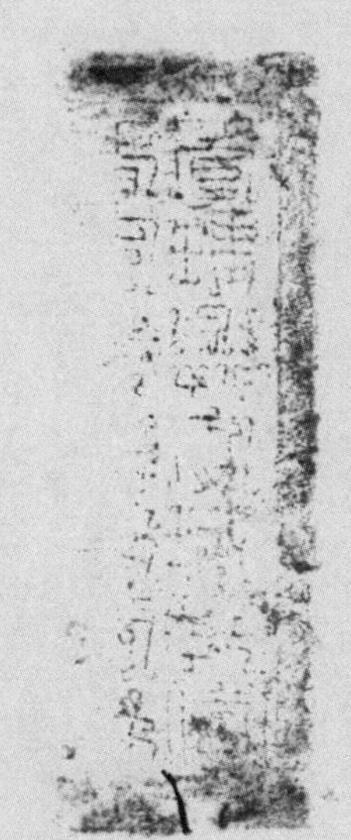

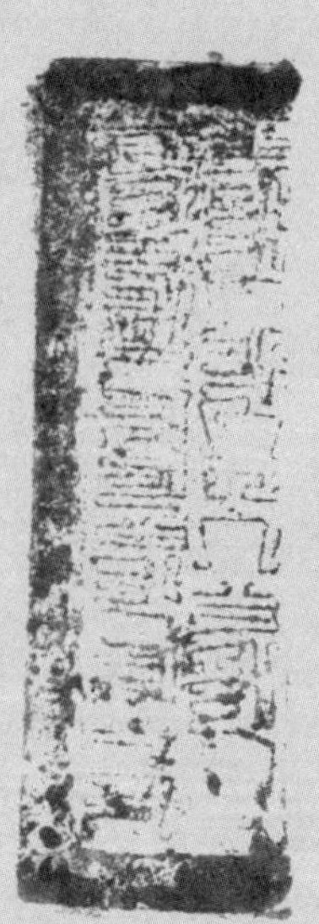

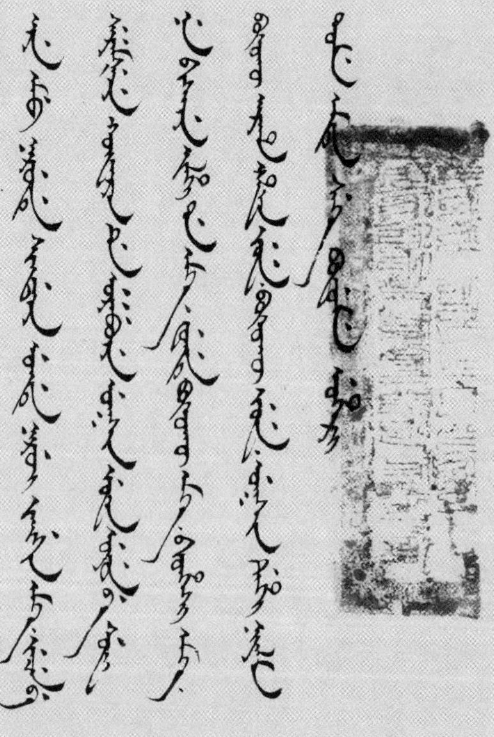

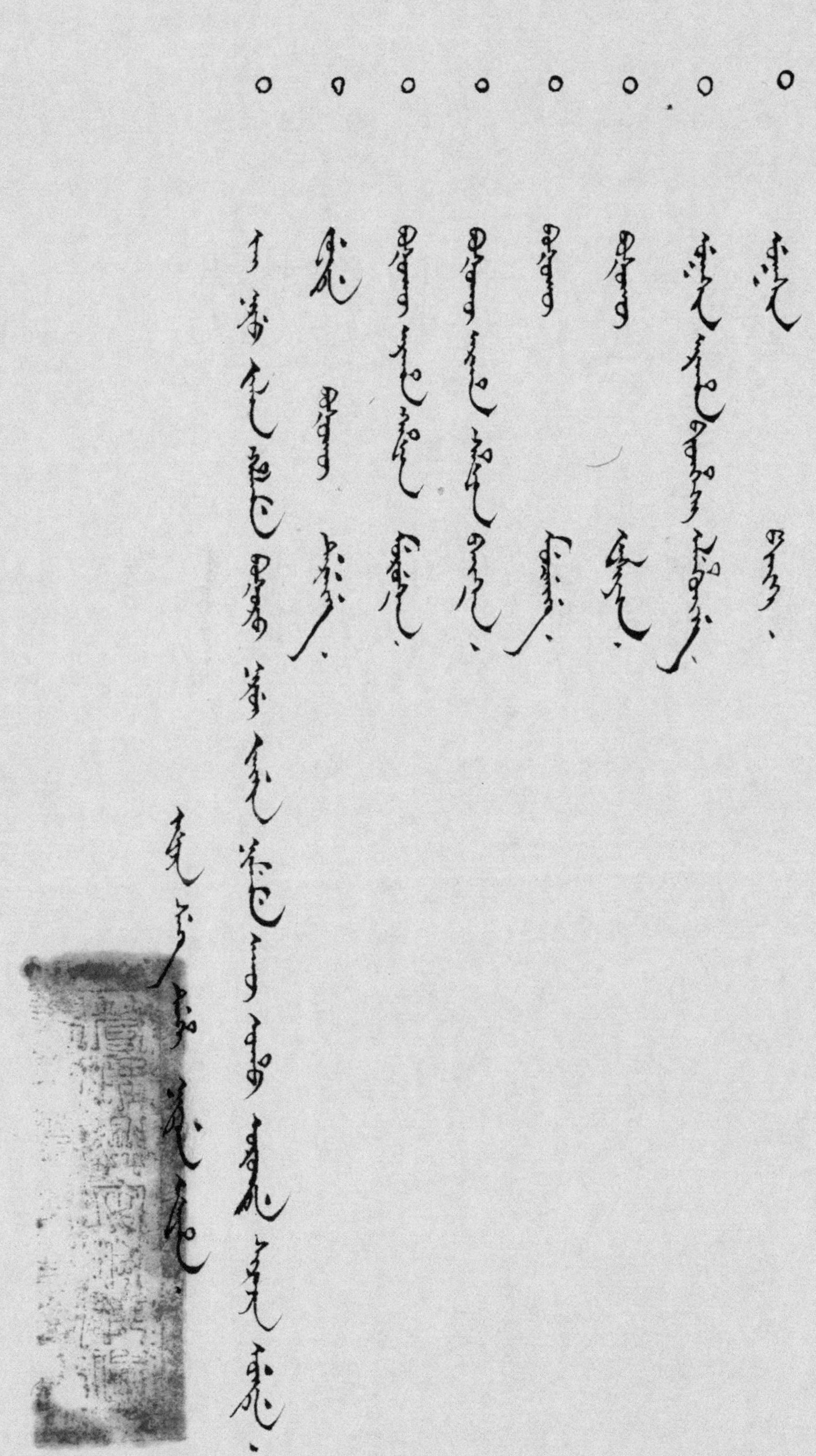

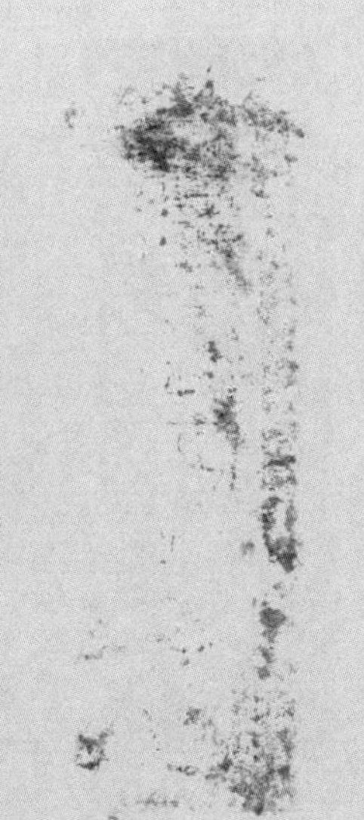

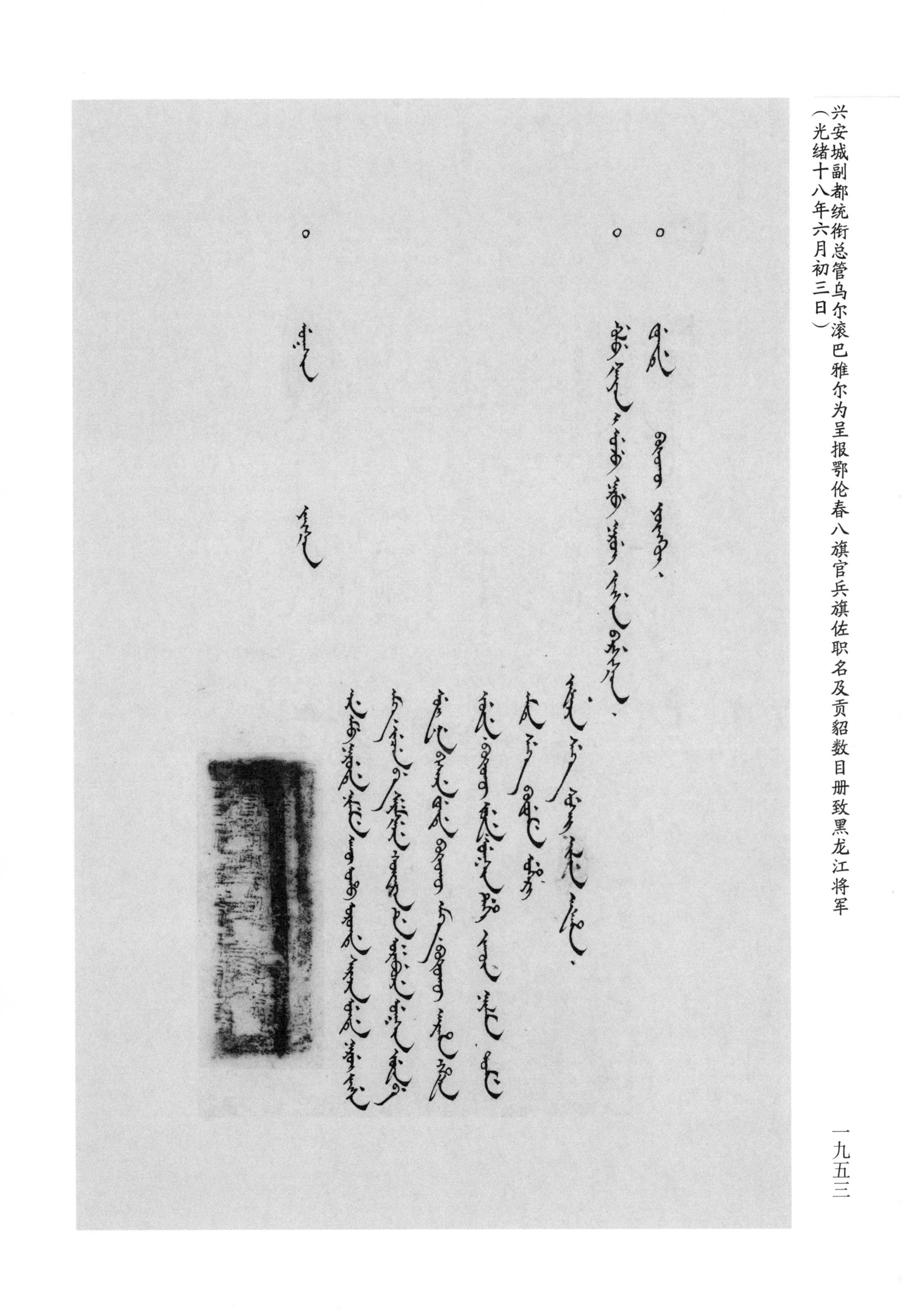

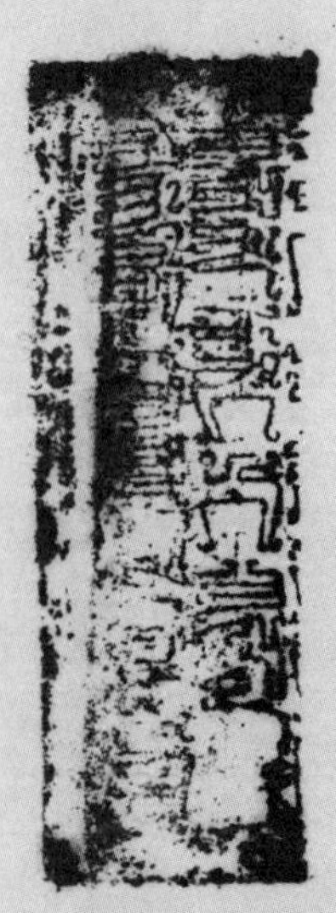

兴安城副都统衔总管乌尔滚巴雅尔为呈报鄂伦春八旗官兵旗佐职名及贡貂数目册致黑龙江将军（光绪十八年六月初三日）

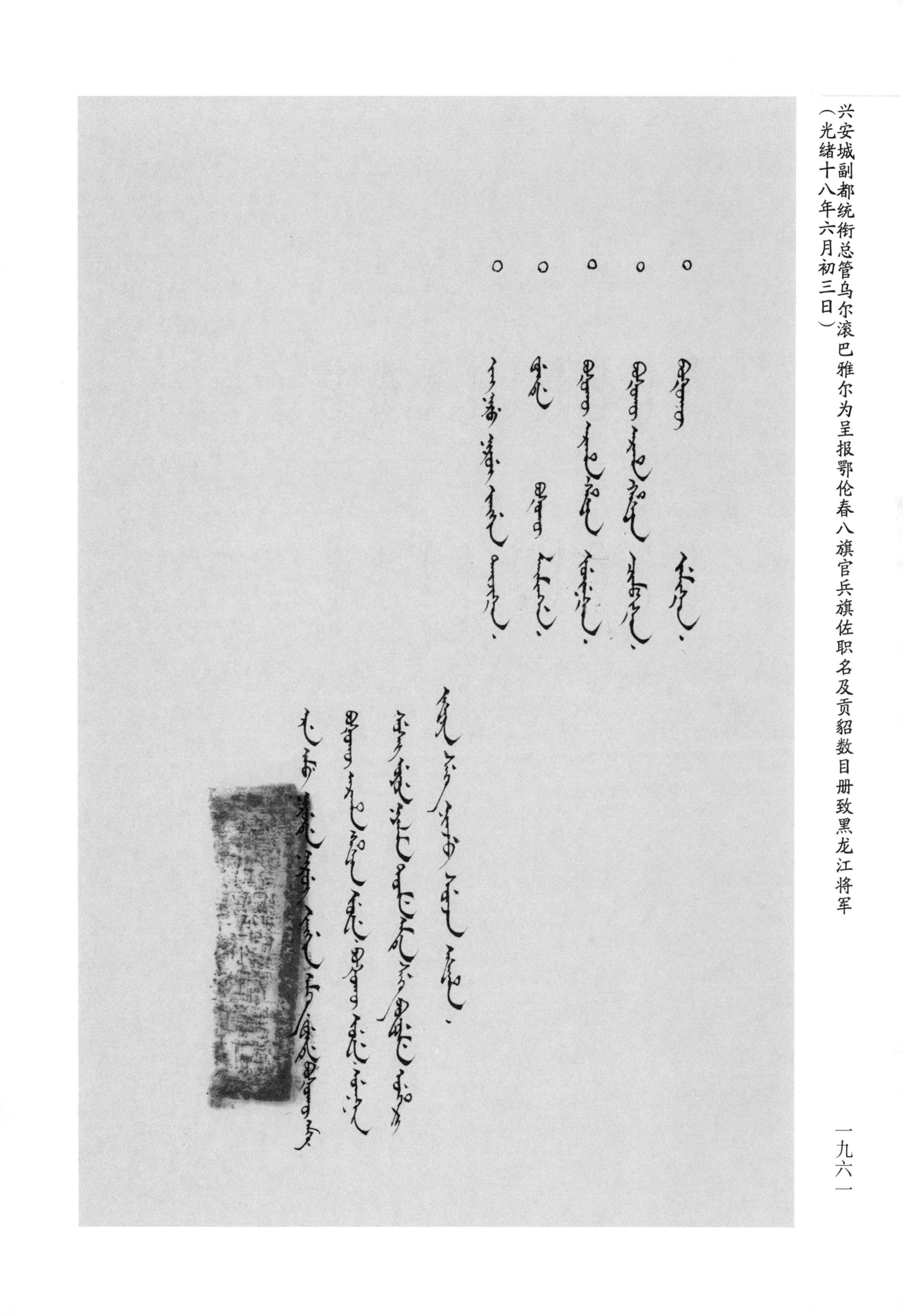

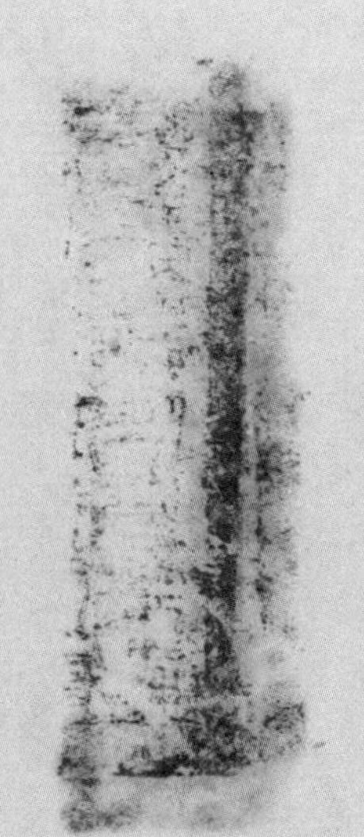

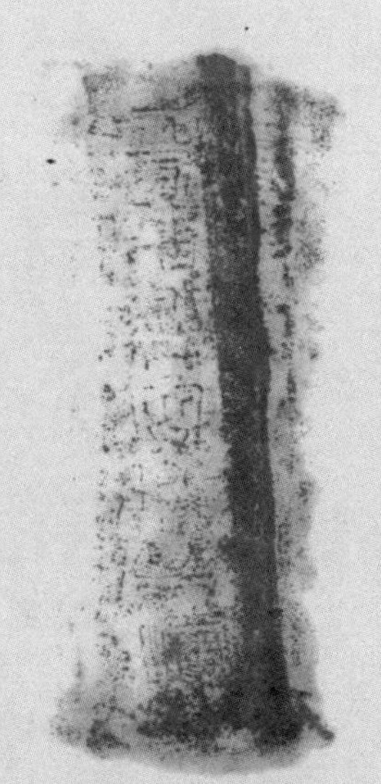

○ ○ ○ ○ ○ ○ ○ ○ ○

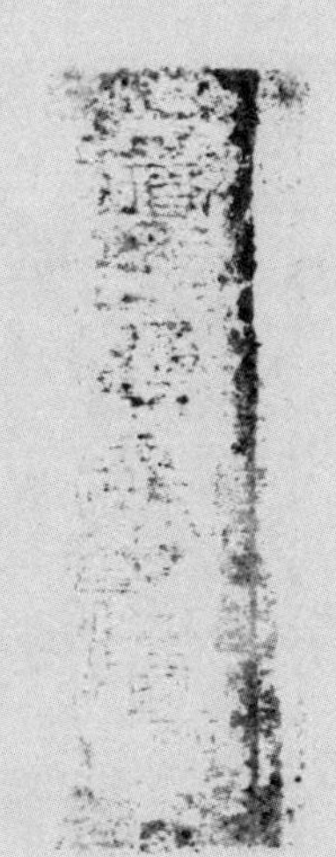

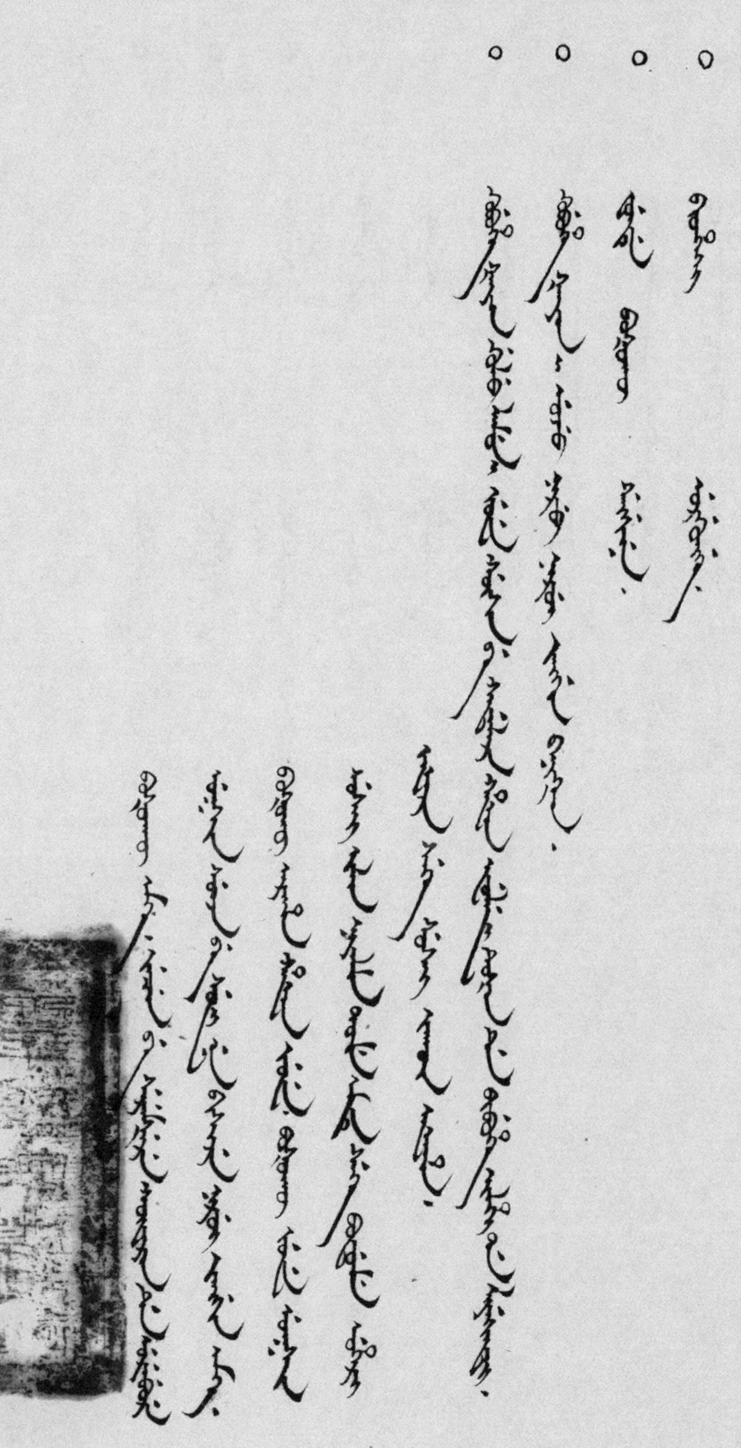

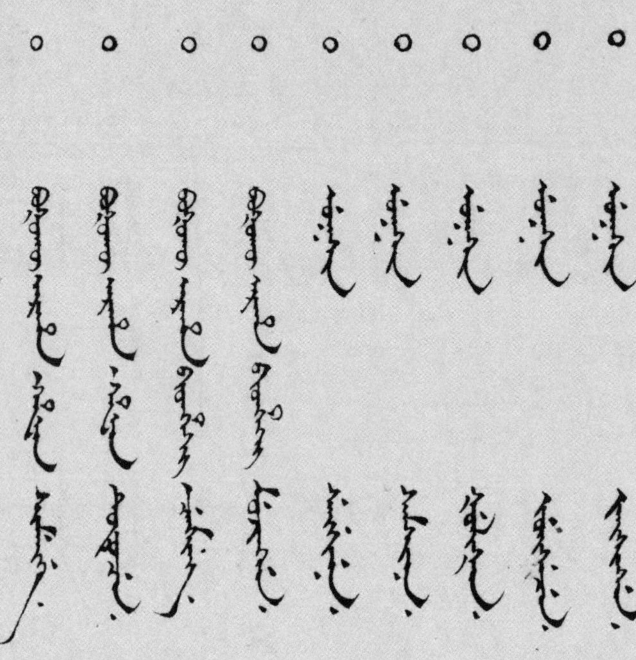

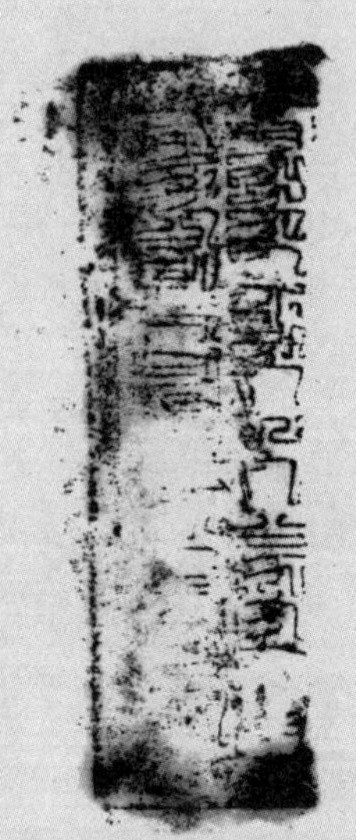

兴安城副都统衔总管乌尔滚巴雅尔为呈报鄂伦春八旗官兵旗佐职名及贡貂数目册致黑龙江将军
（光绪十八年六月初三日）

一九八五

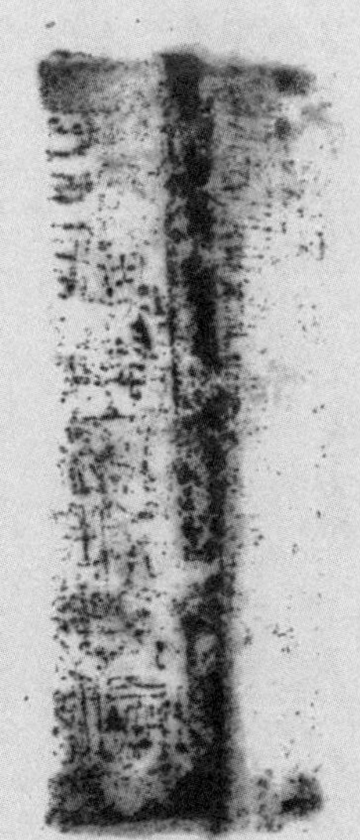

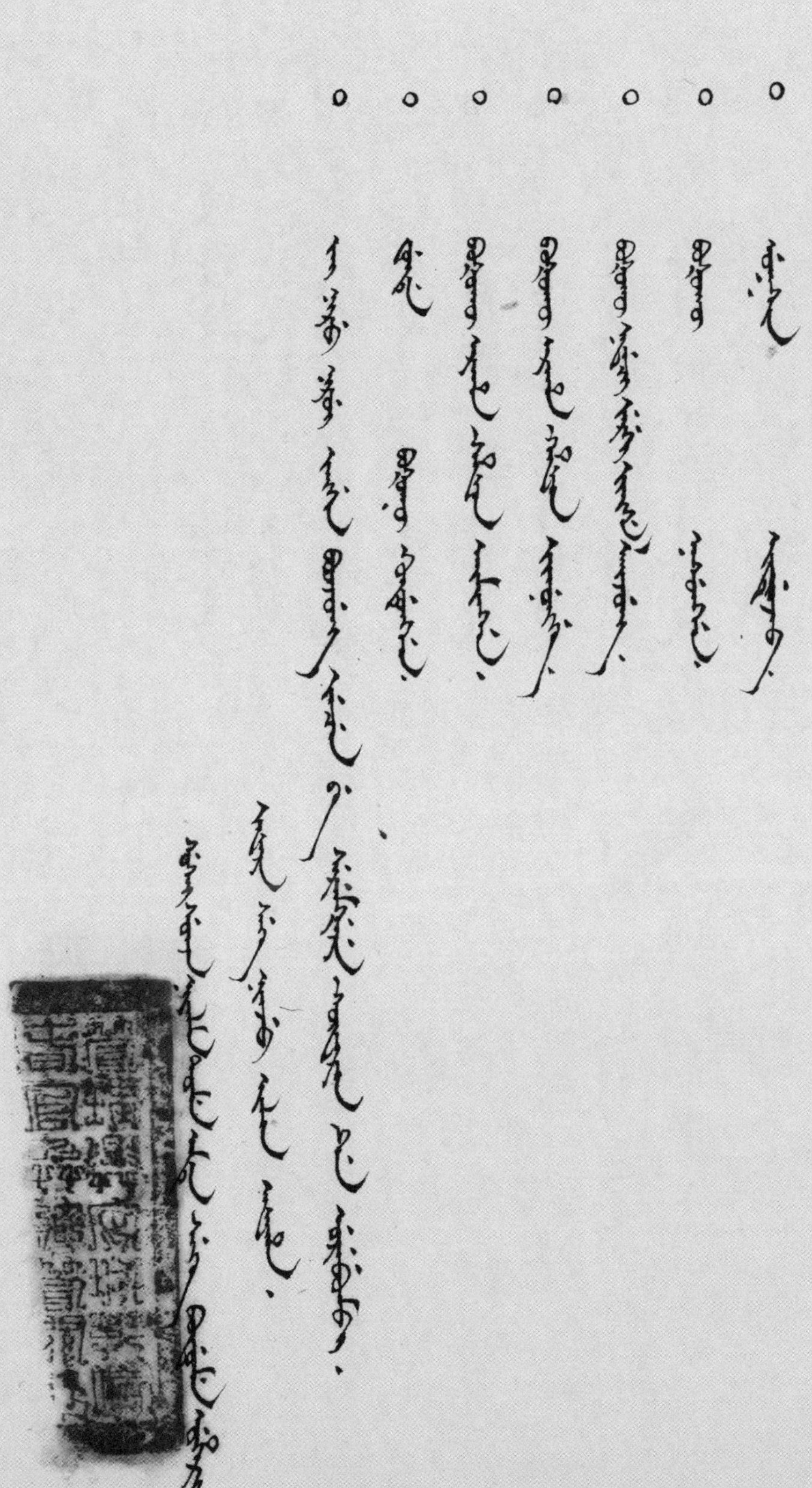

興安城副都統銜總管烏爾滾巴雅爾為呈報鄂倫春八旗官兵旗佐職名及貢貂數目冊致黑龍江將軍
（光緒十八年六月初三日）

兴安城副都统衔总管乌尔滚巴雅尔为呈报鄂伦春八旗官兵旗佐职名及贡貂数目册致黑龙江将军（光绪十八年六月初三日）

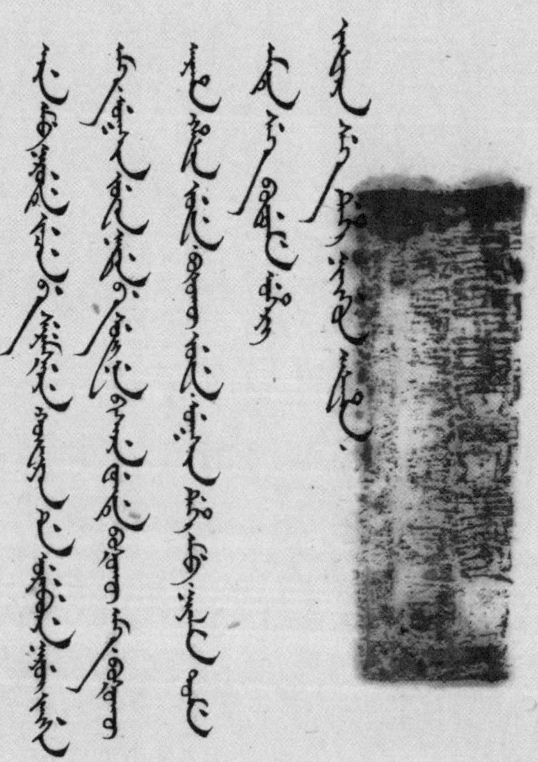

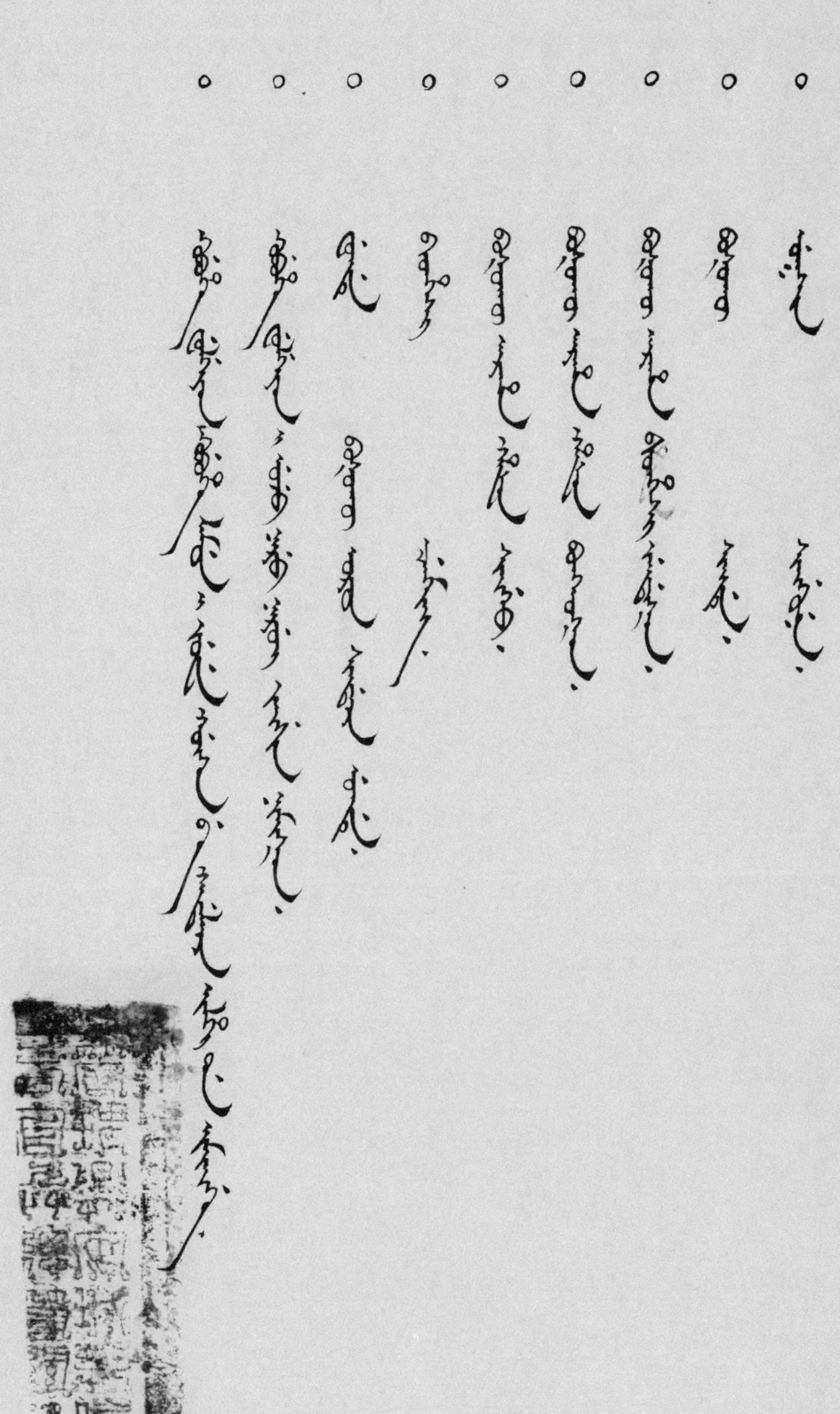

兴安城副都统衔总管乌尔滚巴雅尔为呈报鄂伦春八旗官兵旗佐职名及贡貂数目册致黑龙江将军（光绪十八年六月初三日）

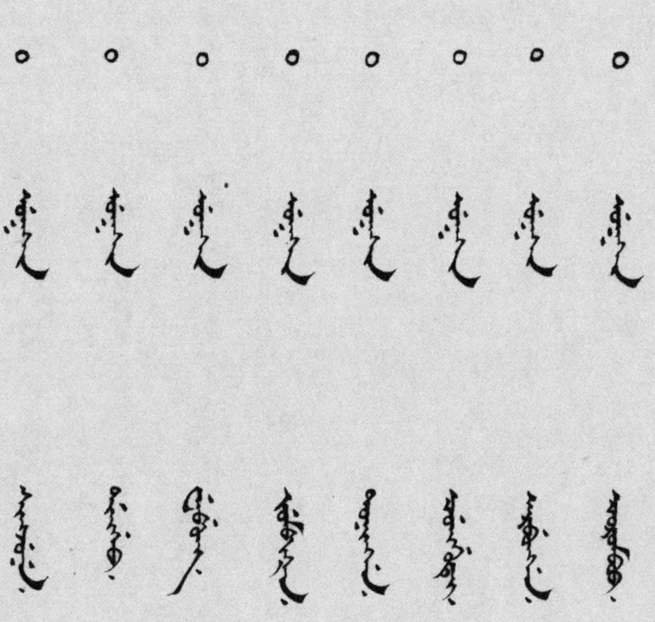

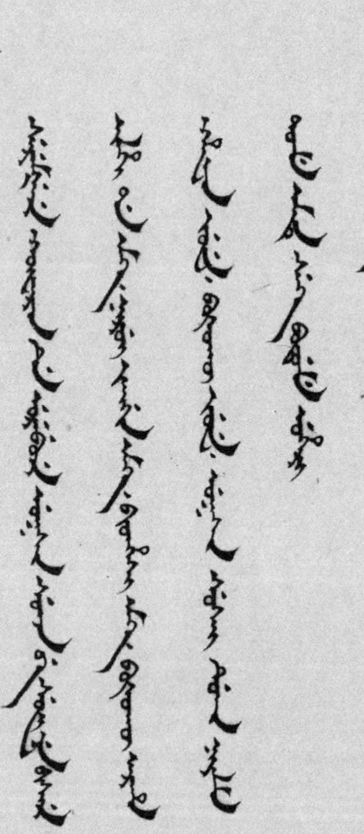

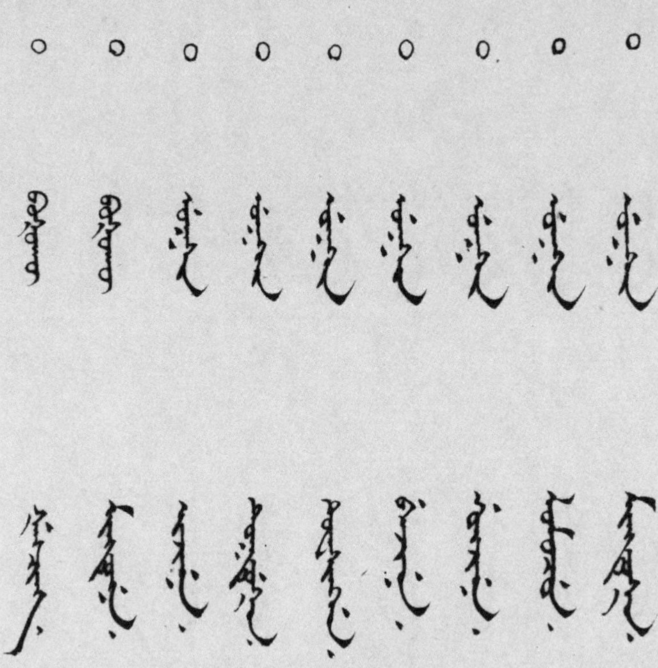

○ ○ ○ ○ ○ ○ ○ ○ ○

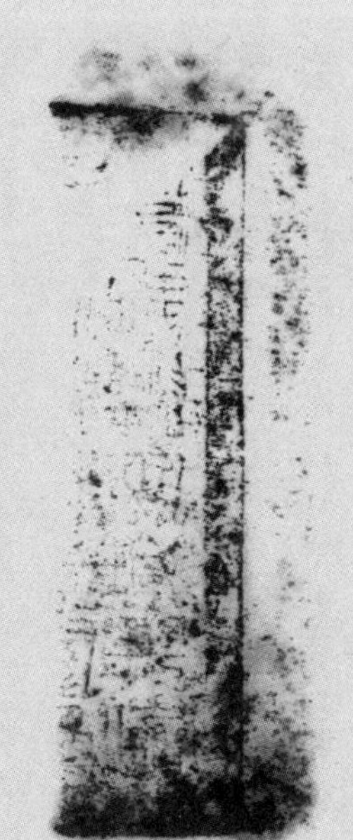

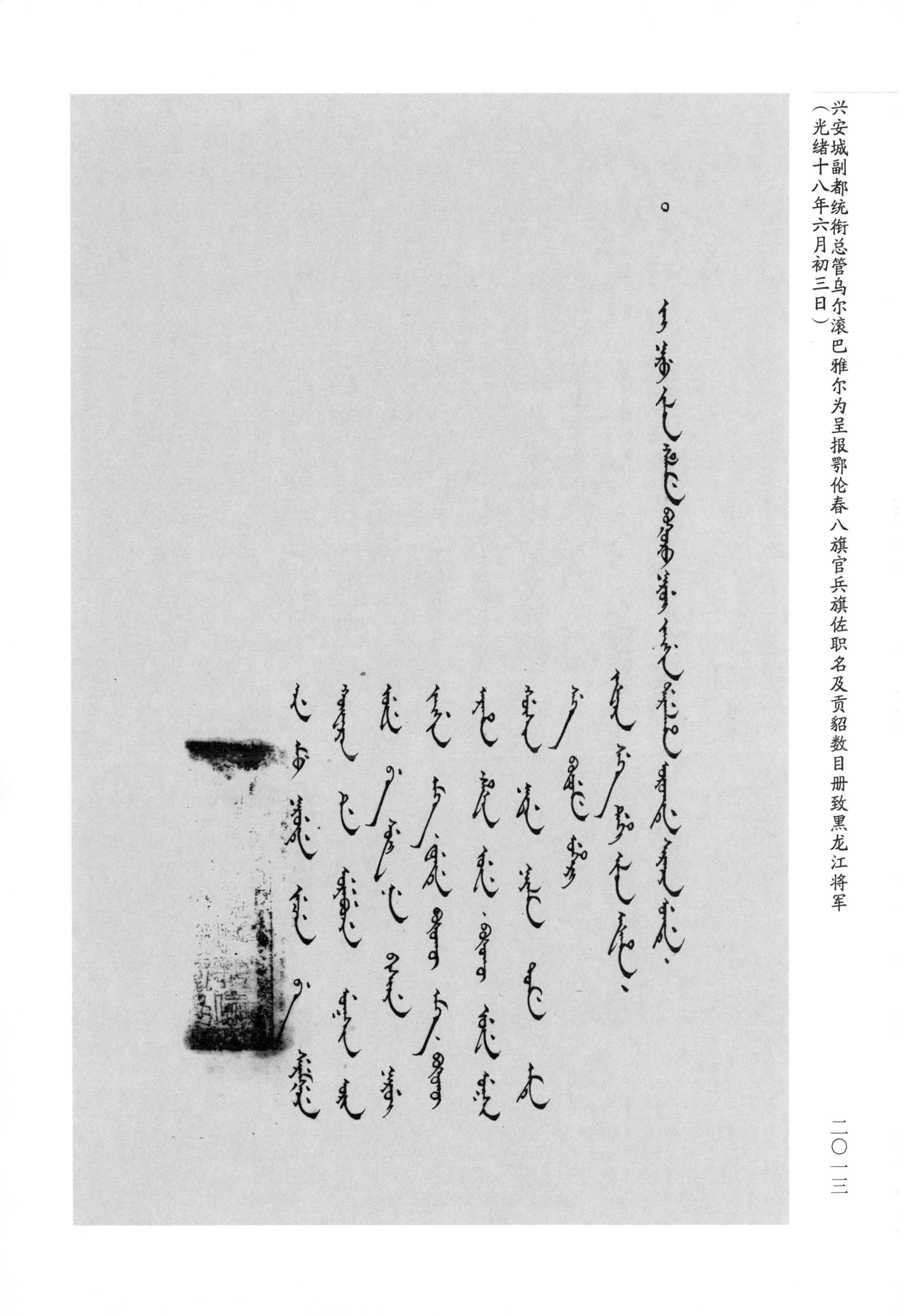

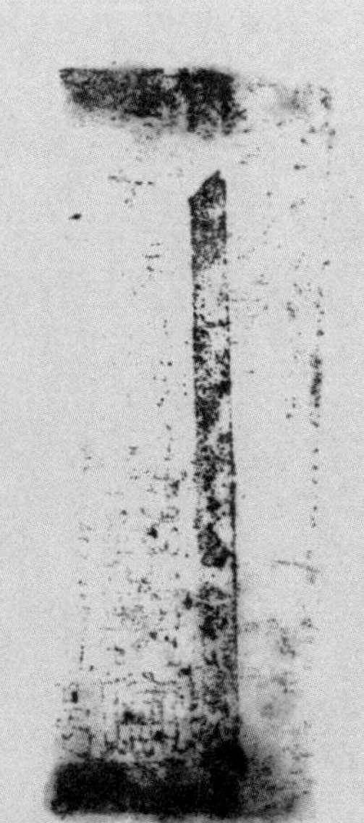

兴安城副都统衔总管乌尔滚巴雅尔为呈报鄂伦春八旗官兵旗佐职名及贡貂数目册致黑龙江将军

（光绪十八年六月初三日）

二〇一七

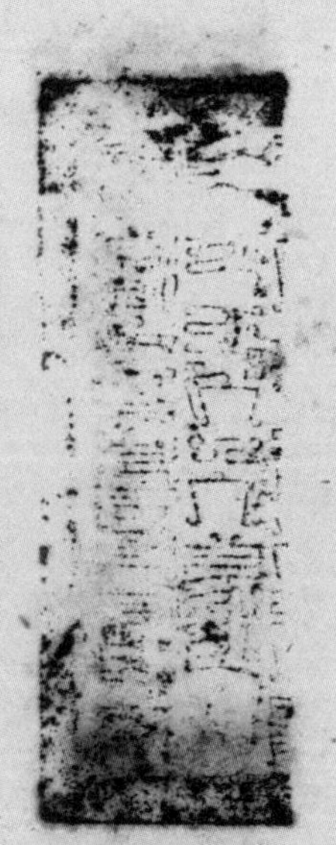

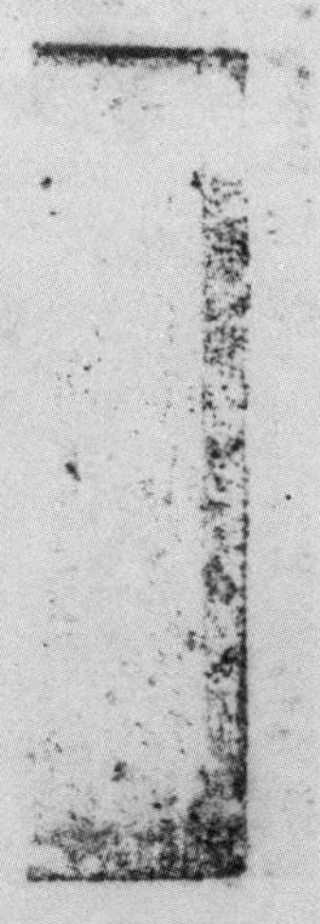

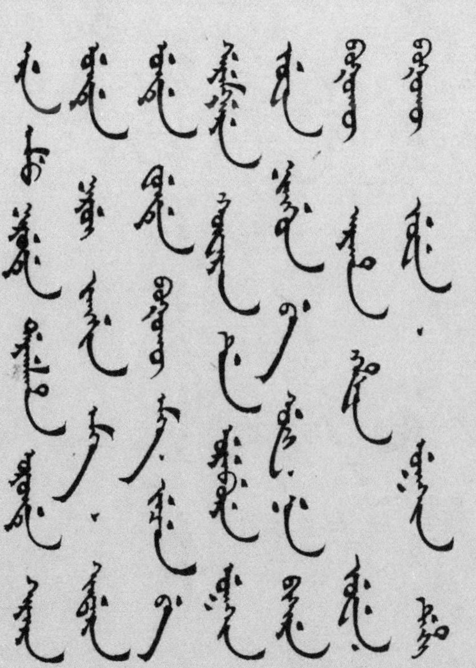

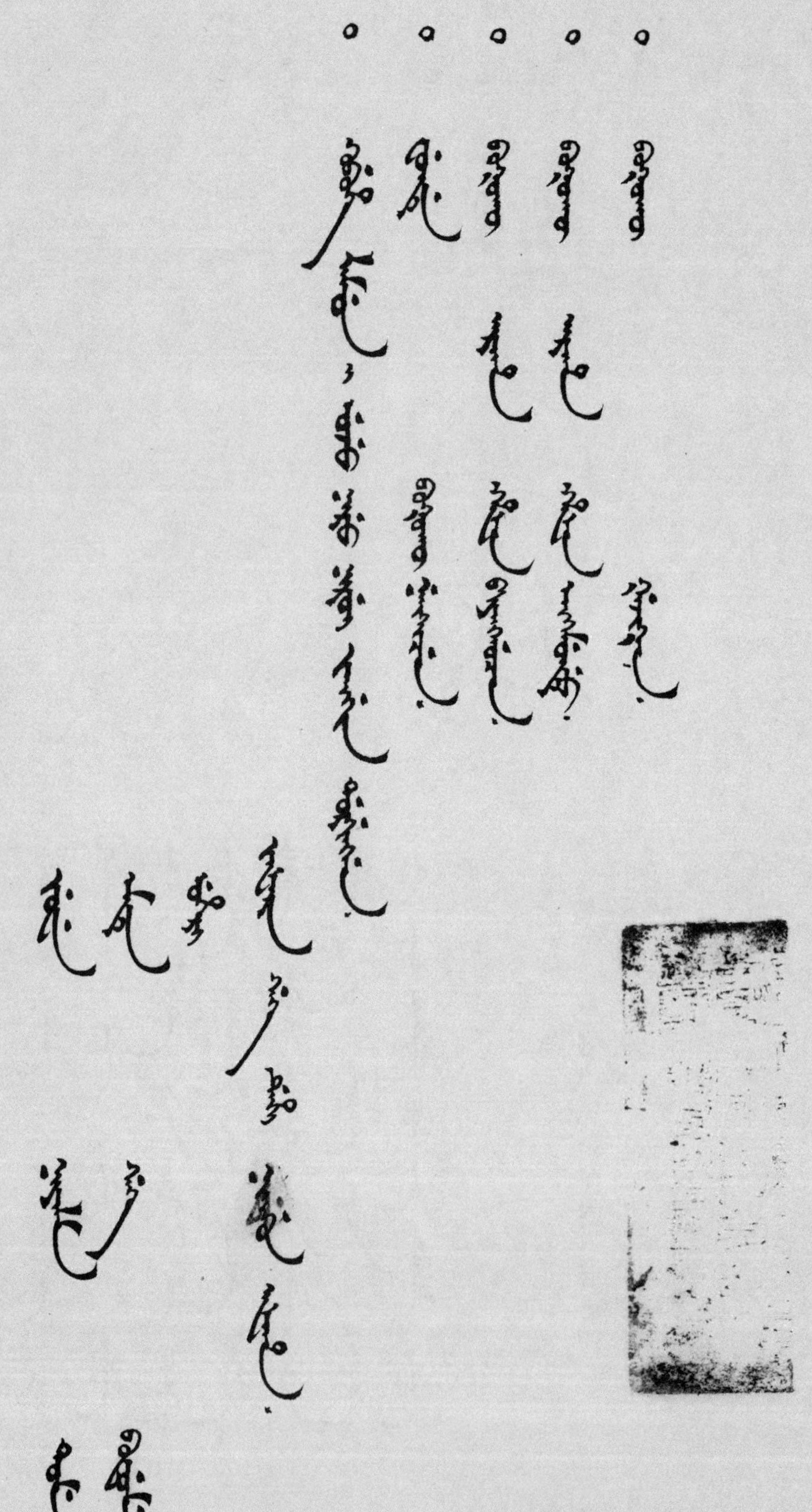

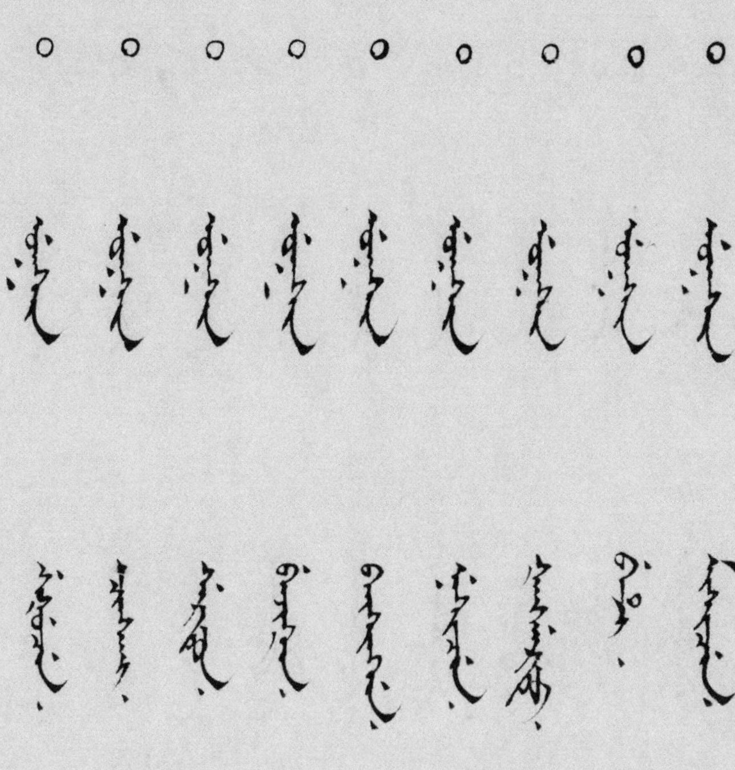

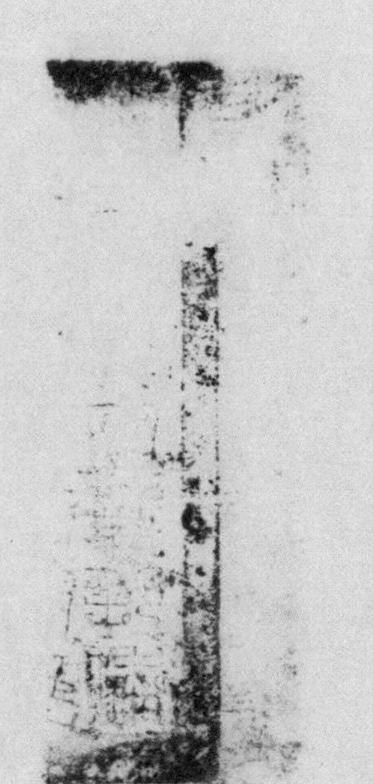

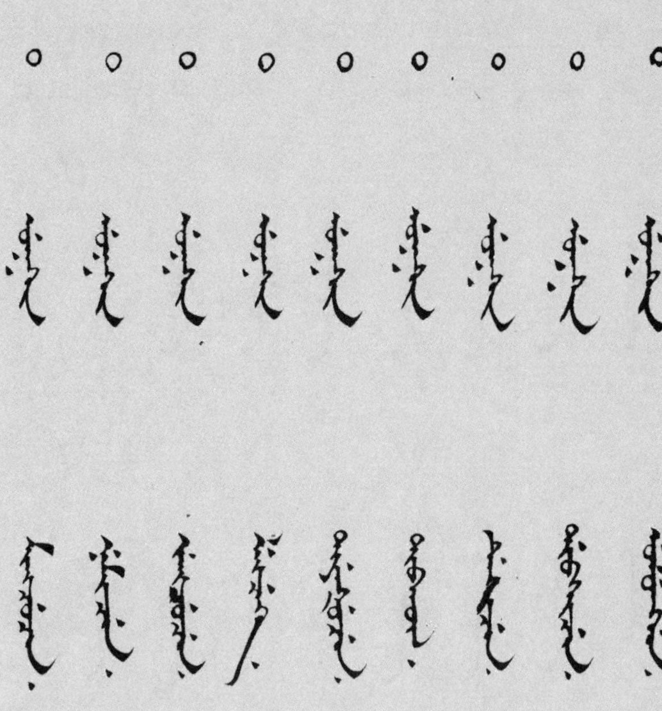

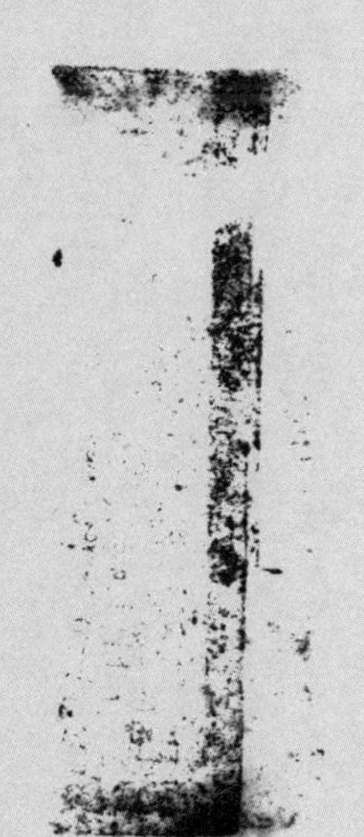

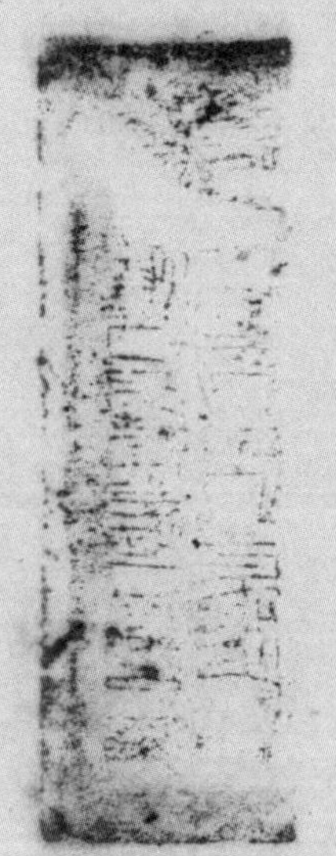

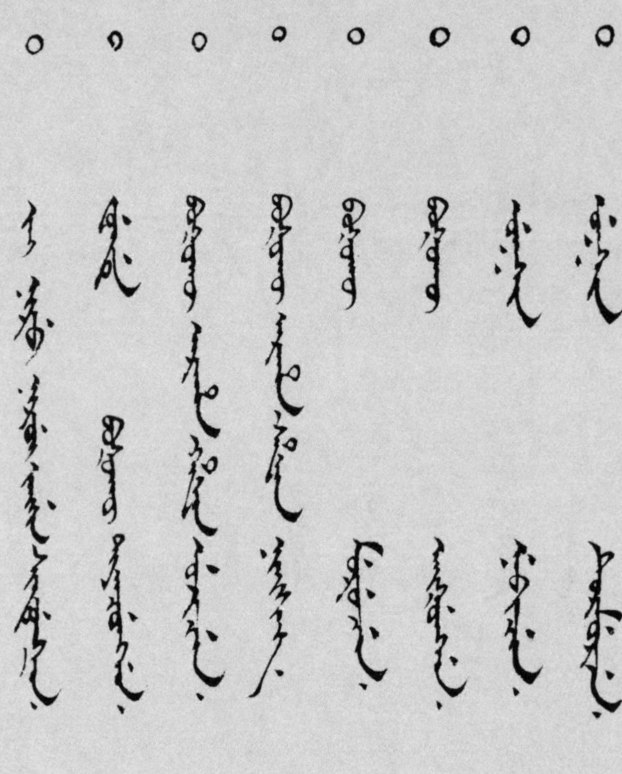

兴安城副都统衔总管乌尔滚巴雅尔为呈报鄂伦春八旗官兵旗佐职名及贡貂数目册致黑龙江将军（光绪十八年六月初三日）

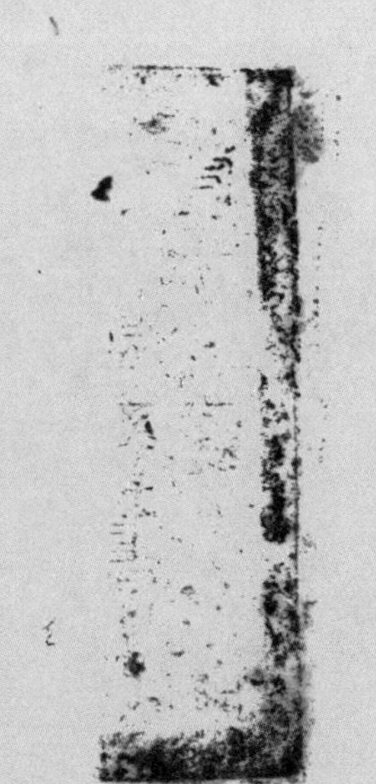

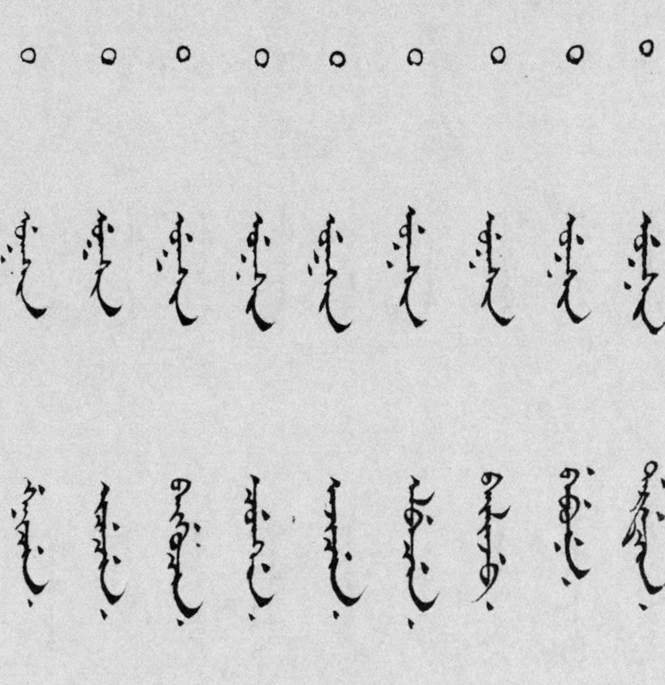

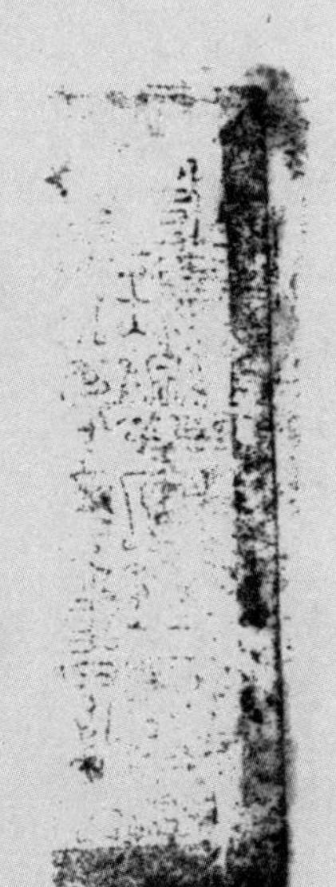

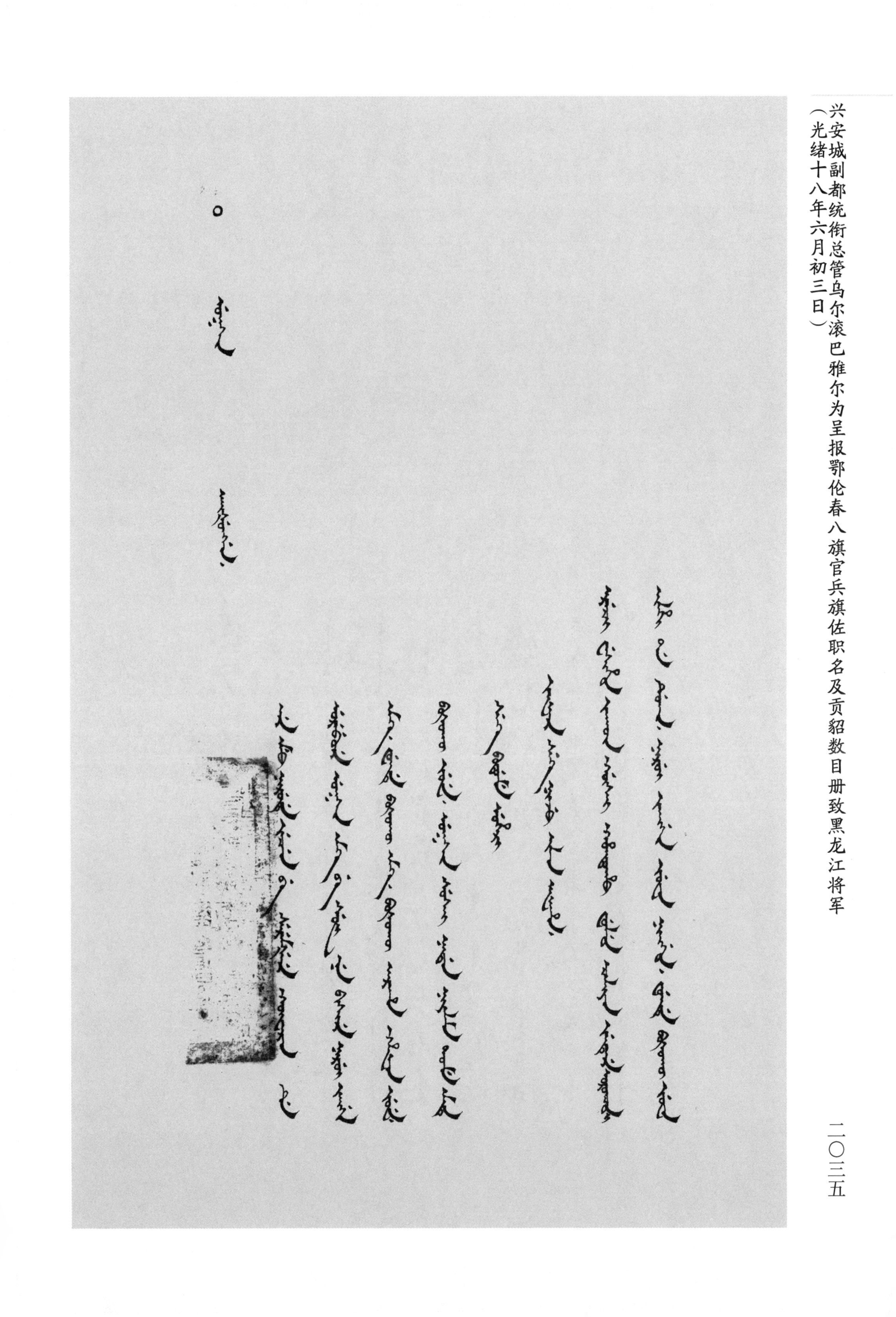

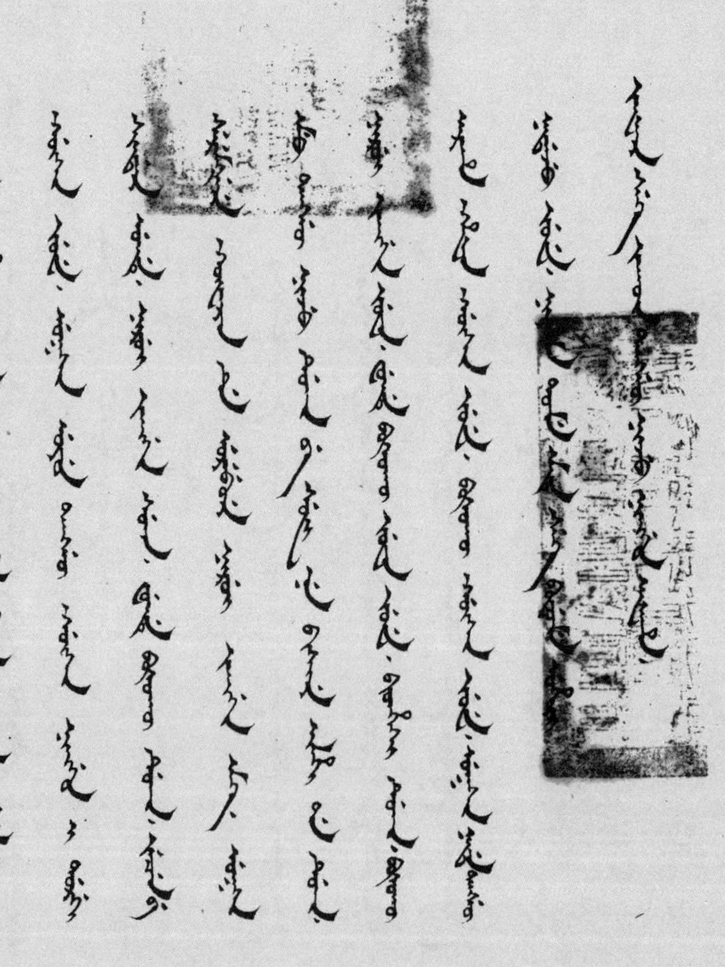

兴安城副都统衔总管乌尔滚巴雅尔为呈报鄂伦春八旗官兵旗佐职名及贡貂数目册致黑龙江将军（光绪十八年六月初三日）

管理興安城鄂倫春官兵副都統銜總管[illegible]為

造册呈遞事謹將光緒十七年分應交

貢貂鄂倫春八旗官兵旗佐銜名貂皮數目查明呈遞須至呈册者

右　册　呈

將　軍　衙　門

管理鑲黃正白二旗副管坤　都　善

鑲　黃　旗　頭　佐　佐　領　里　常

驍　騎　校　此　缺　未　放

筆　帖　式　莫　爾　賡　額

領催委官　依勒德敏
領催委官　明福
領催　托普奇那
領催委筆帖式　勝福
披甲委筆帖式　錐明額
披甲　代恭
披甲　鐵布産
披甲　保兒
披甲　敦吉那

披甲 鐵明

披甲 白里產

披甲 索木布那

披甲 禄新哲

披甲 吉拉珠

披甲 精通阿

披甲 白西那

披甲 滿塔嘎爾

披甲 都里善

披甲　巴寗阿
披甲　那珠善
披甲　常善
披甲　彦布那
披甲　特爾根
披甲　尚嘎爾圖
披甲　伯卓羅
披甲　特爾莫善
披甲　西莫音

披甲西勒蒙額

披甲吉善

披甲依都

披甲巴都善

披甲訥伊善

披甲登古璪

披甲岱里善

披甲克木普那

披甲發依明

披甲　白西産

披甲　佛爾吉善

披甲　碩明阿

披甲　裘揚固善

披甲　本吉善

披甲　莫訥善

披甲　周興額

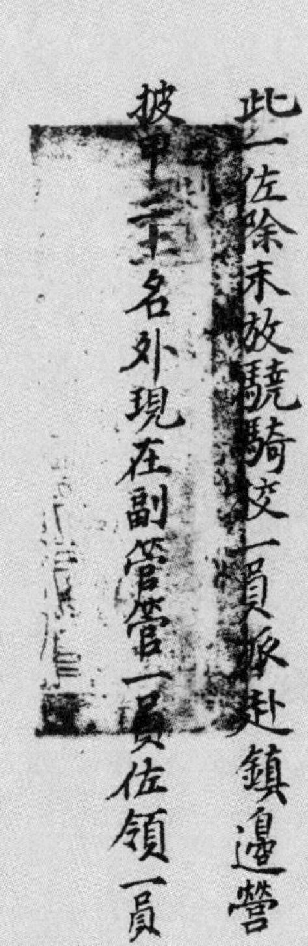

此一佐除未放驍騎校一員派赴鎮邊營

披甲二十名外現在副管官一員佐領一員

[illegible]名貳員領催委官二名領催二名披

甲三十九名每名應交

貢貂一張共四十六張

二佐世襲佐領病故遺缺未襲

驍騎校　車禄善

領催委官　阿拉哈產

領催委官　托西產

領催　莫爾吉善

領催　舒力善

披甲蘇精額

披甲廸克都善

披甲布雅産

披甲提忠額

披甲威西琛

披甲周凌額

披甲舒凌阿

披甲凌吉善

披甲永恰布

披甲 烏隆額

披甲 岳連

披甲 依木華善

披甲 奇雅産

披甲 薩力善

披甲 多密善

披甲 忠特琛

披甲 三扎布

披甲 彦吉善

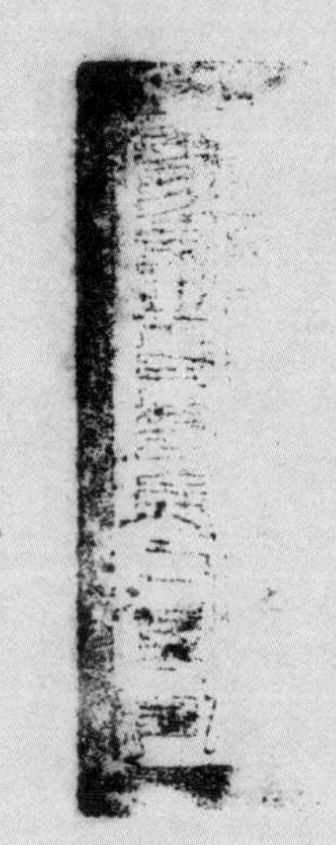

披甲　綽爾吉善
披甲　白凌阿
披甲　凌精阿
披甲　巴彥珠
披甲　蘇吉那
披甲　臣珠善
披甲　扎祿善
披甲　莴精額
披甲　依珠善

披甲 尼松額
披甲 哲定額
披甲 布爾吉善
披甲 精小兒
披甲 額勒固善
披甲 齊明阿
披甲 訥木善
披甲 色普哲琛
披甲 定訥琛

披甲　堤松額

披甲　特依興額

披甲　哲拉明額

披甲　尼木善

披甲　孝興阿

披甲　羅賓善

披甲　巴林布庫

披甲　達爾瑪産

披甲　遜丕那

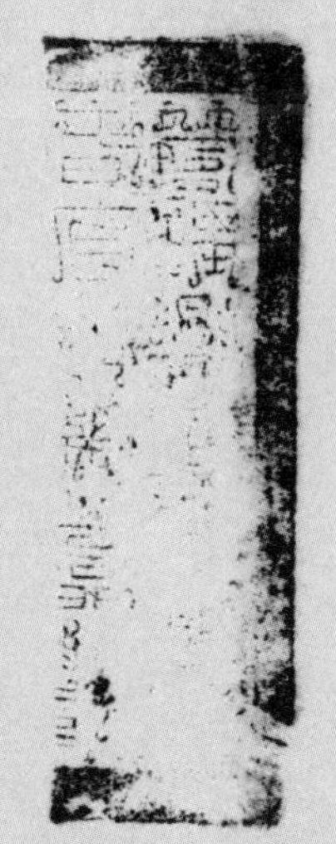

披甲霍奇善
披甲朝力善
披甲登吉善
披甲卓囊阿
披甲申吉善
披甲英琛
披甲三吉善
披甲珠永額
披甲岳爾吉琭

披甲 色普吉琛

披甲 徵庫琛

披甲 鄂恩吉善

披甲 烏魯那

此一佐除已故世襲佐領一員外現在驍騎校一員
領催委官二名領催一名披甲五十八名每名應交
貢貂一張共六十三張

管理正黄正紅二旗獎賞藍翎副管來通阿

正黄旗頭佐之佐領遺缺未放

驍騎校　珠拉瑚阿

筆帖式　博勒和圖

領催委官　珠爾剛阿

領催委官　扎瑚阿

領催　依特善

領催　正洪額

披甲　威精額

披甲　奇林爬

披甲　兑勒恩

披甲　芮恩楚

披甲　德爾興額

披甲　莫諾善

披甲　固尼善

披甲　慶連

披甲　西尼善

披甲　奇明額

披甲　濃訥善

披甲　廷丕

披甲平春

披甲伯倫保

披甲霍爾畢善

披甲根欽

披甲珠勒空額

披甲扎克棟額

披甲準清阿

披甲額木庫訥

披甲通克善

披甲莫諾霍

披甲察密産

披甲精德

披甲春德

披甲朱勒布善

披甲賡吉音

披甲布連

披甲伯里

披甲扎依楚

披甲 依吉善
披甲 瓦爾佳
披甲 [illegible]木保
披甲 特奇善
披甲 伯奇英額
披甲 依克德善
披甲 普恩圖善
披甲 富勒敦泰
披甲 富常額

披甲　欽奇那

此一佐除未放佐領一員派赴鎮邊營披甲十九名
外現在副管一員驍騎校一員筆帖式貳員領
催委員二名領催二名披甲四十名每名應交
貢貂一張四十七張

二佐已故世管佐領遺缺未襲

驍騎校　德楞額

領催委官　穆祿善

領催委官　白善

領催 穆成額

領催 方聯

披甲委筆帖式 額勒洪額

披甲 平喜

披甲 吉爾善

披甲 張吉琭

披甲 額木吉訥

披甲 鐵亮

披甲 興鍋

披甲 兊家善

披甲 德蒙額

披甲 哲爾吉善

披甲 準布善

披甲 碩蒙阿

披甲 祿克德訥

披甲 苾吉訥

披甲 聯楚

披甲 倭西琛

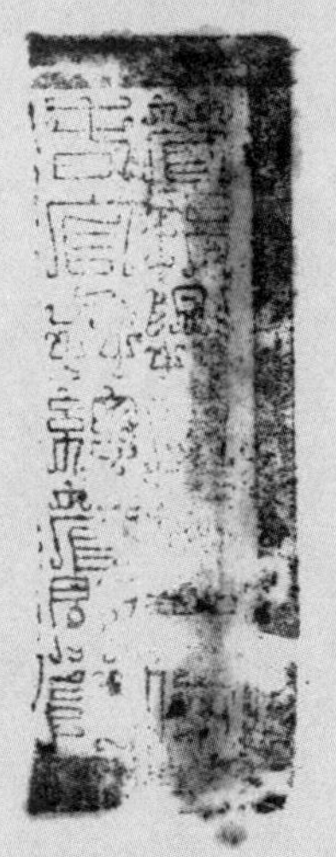

披甲　碩窑善

披甲　奇普特勒

披甲　方聯

披甲　兑窑琛

披甲　圖莫訥善

披甲　騰吉琛

披甲　德林

披甲　訥恩德訥

披甲　奇色

披甲亭怕

披甲吉蒙阿

披甲訥敏

披甲額依舒訥

披甲提敏

披甲温多春

披甲林福

披甲興耆

披甲布勒佳

披甲　額勒和善

披甲　額勒棟額

披甲　白林

披甲　依寗額

披甲　白壽

披甲　特爾墨

披甲　穆西琛

披甲　依成額

披甲　阿力善

披甲穆成額

披甲圖木能額

披甲苪明額

披甲依禄善

披甲揚善

此一佐除已故世龍衣佐領一員派赴鎮邊營披甲十名外現在驍騎校一員領催委官二名領催一名披甲四十八名每名應交貢貂一張共五十二張

正白旗頭佐佐領巴爾吉善

驍騎校 永魁

領催委官 洛普欽

領催委官 色普徵額

領催 西興阿

領催 達勒吉善

披甲 廸弩善

披甲 訥依和琛

披甲 白哈那

披甲 托尼善

披甲　興古訥
披甲　卓羅琛
披甲　甯古善
披甲　克庫琛
披甲　胡奇善
披甲　依隆額
披甲　扎巴哈產
披甲　吉雅產
披甲　雅爾吉善

披甲 慎精額

披甲 理保

披甲 齋興阿

披甲 額勒琛

披甲 烏他木

披甲 額勒爾吉琛

披甲 祥固善

披甲 青山

披甲 瑪勒固善

披甲　畢松阿

披甲　纏畢善

披甲　恭克布

披甲　常德善

披甲　訥爾固善

披甲　富喜產

披甲　倭伯產

披甲　達喜產

披甲　西興阿

披甲 阿力善

披甲 珠凌阿

披甲 里興額

披甲 穆克德璨

披甲 齋明阿

披甲 齋凌阿

披甲 裴揚固善

披甲 珠木尼琛

披甲 瑪禄善

披甲 蒙古岱

披甲 尼·僧額

披甲 西定阿

披甲 賽木善

披甲 莫爾格拉圖

披甲 伯拉果善

披甲 廸克都善

披甲 烏拉圖善

披甲 台畢善

披甲圖勒善

披甲祿普欽

披甲芮興額

披甲吉客善

披甲苗興阿

披甲訥爾古善

披甲吉弩善

披甲訥清額

披甲穆精阿

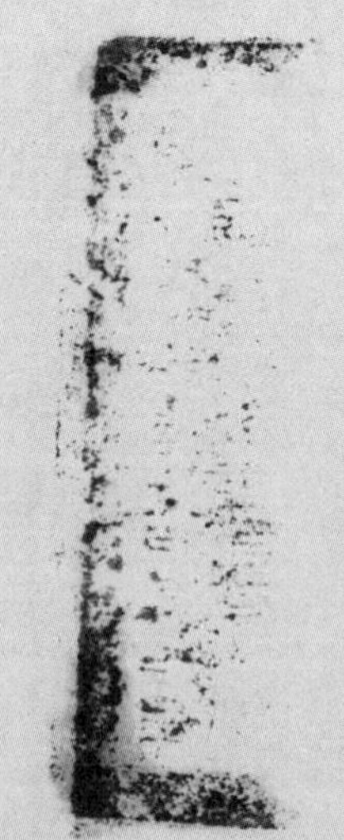

披甲　烏吉善

此一佐現在佐領一員驍騎校一員領催委官二名領催
二名披甲五十九名每名應交
貢貂一張共六十五張

二佐佐領　台吉善

驍騎校　來明阿

領催委官　錐訥善

領催委官　欽丕善

領催　哲密善

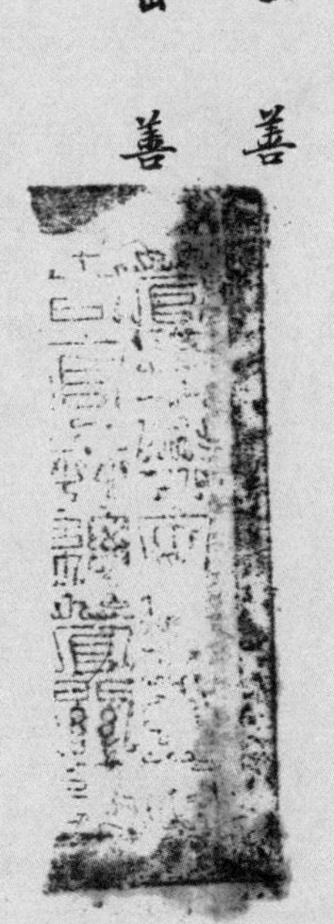

領催那里善
披甲倭德善
披甲凌忠
披甲琦奇里
披甲彰福
披甲布訥欽
披甲台力善
披甲格圖善
披甲諾清阿

披甲保清
披甲鹗通阿
披甲英奇訥
披甲慶亮
披甲都力善
披甲舒爾吉訥
披甲喀拉扎
披甲祥国善
披甲瑪瞀善

披甲錐喀琛

披甲僉吉訥

披甲烏提喜

披甲藍圖善

披甲圖木爾布庫

披甲奔巴

披甲常壽

披甲托賽善

披甲藍都雍

披甲常有

披甲訥木和善

披甲保善

披甲哲審善

披甲努克琛

此一佐除派赴鎮邊營披甲二十七名外現在佐領一員驍騎校一員領催委官二名領催一名披甲三十一名每名應交貢貂一張共三十七張

正紅旗頭佐佐領都凌額

驍騎校　扎魯善
領催委官　哲氷額
領催委官　常福善
領催　精尼善
領催　賡吉善
披甲　庚林
披甲　里寂善
披甲　常福善
披甲　訥勒善

披甲懷托勒金

披甲永胡勒

披甲蘇珠

披甲愛容善

披甲嘎巴嘎

披甲祿奇善

披甲烏和琛

披甲依倫

披甲新必琛

披甲正孔保
披甲吉松額
披甲明古善
披甲禄清額
披甲依瑪
披甲廷畢產
披甲竣奇
披甲來民
披甲德弩善

披甲 濃吉布

披甲 必精額

披甲 尼堪

披甲 景福

披甲 明珠善

披甲 巴布善

披甲 特依明

披甲 蒙古善

披甲 哈木善

披甲金玉

披甲里凝額

披甲恭廉

披甲扎朗阿

披甲扎力善

披甲特尼善

披甲烏興阿

披甲氷格善

披甲巴力善

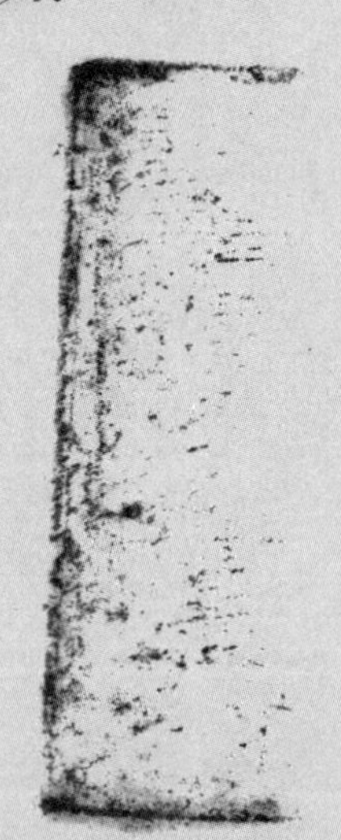

披甲　珠勒和善

披甲　鞥胡善

此一佐除派赴鎮邊營披甲十七名外現在佐領一員驍騎校一員領催委官二名領催二名披甲四十二名每名應交貢貂一張共四十八張

二佐世襲佐領布勒特琛

驍騎校遺缺未放

領催委官　精通阿

領催委官　景凝阿

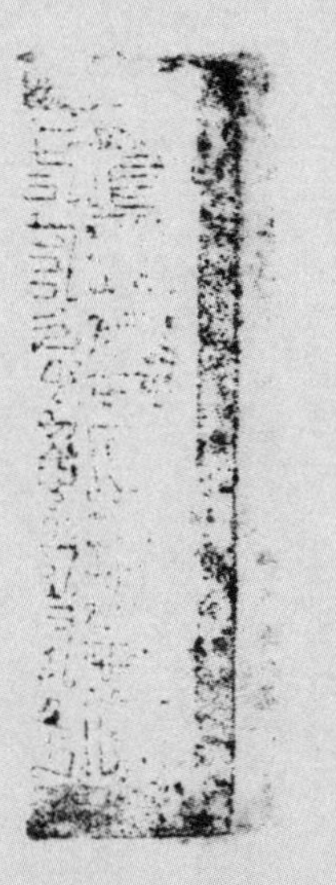

領催訥恩吉琛

領催和尼琛

披甲里善

披甲噴圖善

披甲芮松額

披甲甚精額

披甲吉農額

披甲烏木善

披甲哲明額

披甲克容善

披甲吉容善

披甲平古訥

披甲興和善

披甲特尼

披甲推木善

披甲富爾遜

披甲忠福

披甲揚努善

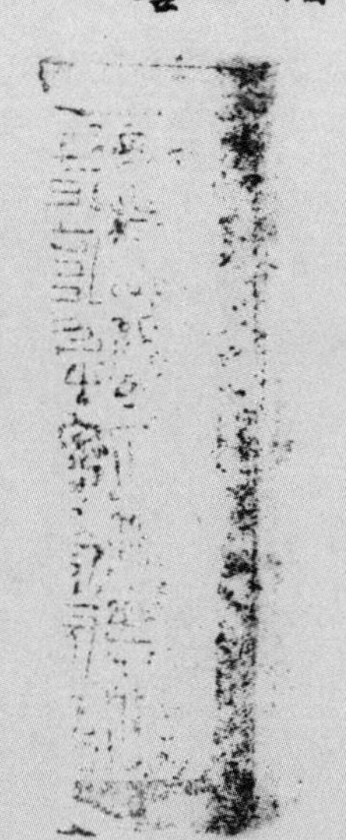

披甲穆尼善

披甲烏拉必琛

披甲丕勤

披甲必凌額

披甲耀譕

披訥木訥琛

披甲哲明額

披甲平通

披甲特西善

披甲　賽必那

披甲　訥愚吉琛

披甲　貝凝阿

披甲　多尼善

披甲　莫格訥

披甲　德吉訥

披甲　碩吉那

披甲　珠勒干保

披甲　訥圖善

披甲色尼善

披甲烏精阿

披甲圖望格

披甲諾吉那

披甲額木興額

披甲訥吉善

披甲英奇善

披甲尼雅勒哈善

披甲喜明

披甲精固訥
披甲特西訥
披甲敦吉納
披甲隋嘎産
披甲蘭楚岱
披甲孝力善
披甲德尼善
披甲慶壽
披甲克西布

披甲　貝吞保

此一佐除遺缺未放驍騎校一員派赴鎮邊營披甲五名外

現在佐領一員領催委官二名領催二名披甲五十三名每名應交

貢貂一張共五十八張

管理鑲白正藍二旗副管革職留任烈欽泰

鑲白旗頭佐佐領巴尼善

驍騎校僧吉訥

筆帖式烏爾恭額

領催委官西蒙額

領催委官　圖圖琛
領催委筆帖式　成明
領催委筆帖式　穆精阿
披甲　僧吉訥
披甲　薩木西納
披甲　錐色琛
披甲　齋興阿
披甲　新畢善
披甲　科洛春

披甲 騰奇善

披甲 哲勒吉善

披甲 甚精

披甲 珠爾国善

披甲 伯業琛

披甲 依凌阿

披甲 哲勒吉善

披甲 台布庫

披甲 珠爾遜布

披甲　元定

披甲　錐陞額

披甲　蘇業琛

披甲　色勒都木爾

披甲　鐵順

披甲　德克精額

披甲　哲精額

披甲　多勒吉善

披甲　精古善

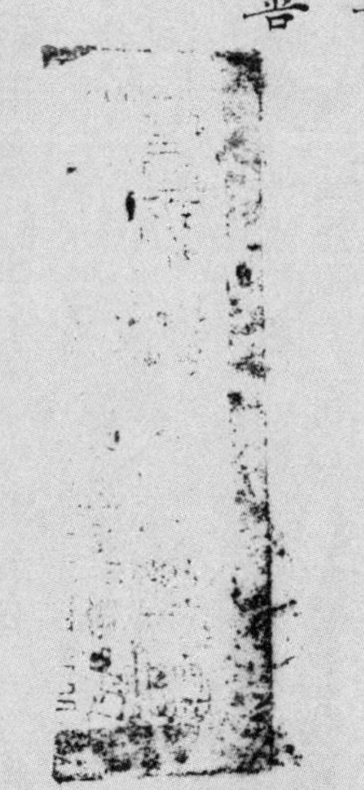

披甲章努善
披甲吉順阿
披甲依蒙額
披甲林普善
披甲準丕善
披甲扎勒吉善
披甲扎奇納
披甲嘎色
披甲富慶阿

披甲　精布庫

披甲　凌固善

披甲　吉必善

披甲　餘力善

披甲　錐西訥

披甲　烏拉西善

披甲　錐豐額

披甲　勾　監

披甲　都勤善

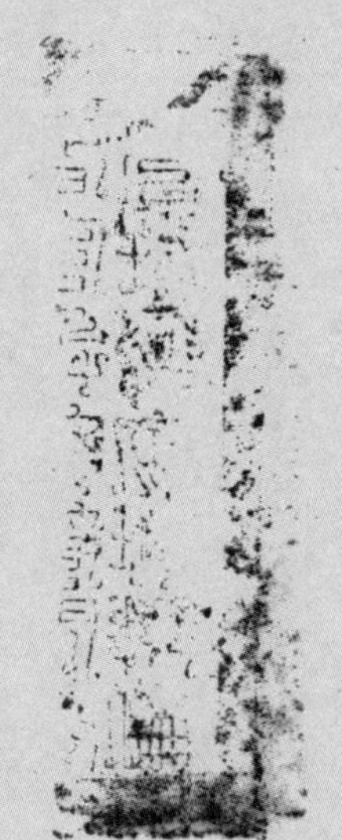

披甲里布善

披甲訥祿善

披甲臣布格琛

披甲莫凝額

披甲圖瓦拉哈善

披甲花良阿

披甲那松阿

披甲瑪尼善

披甲明善

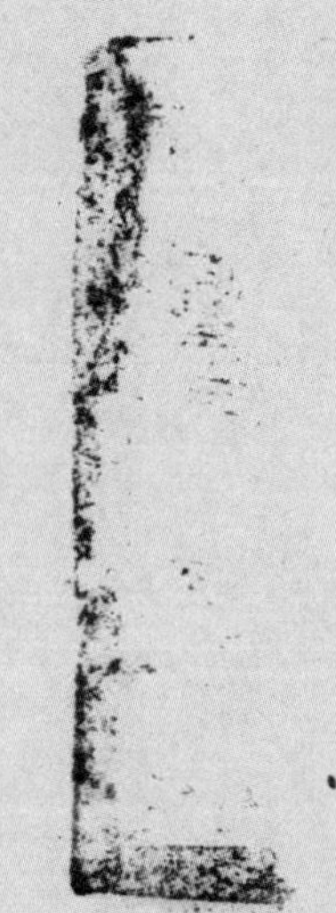

披甲吉木善

披甲晢依明額

披甲哈勒扎

披甲和尼琛

此一佐除派赴鎮邊營披甲四名外現在副管一員佐領一員驍騎校一員筆帖式一員領催委官二名領催二名披甲五十五名每名應交

貢貂一張共六十三張

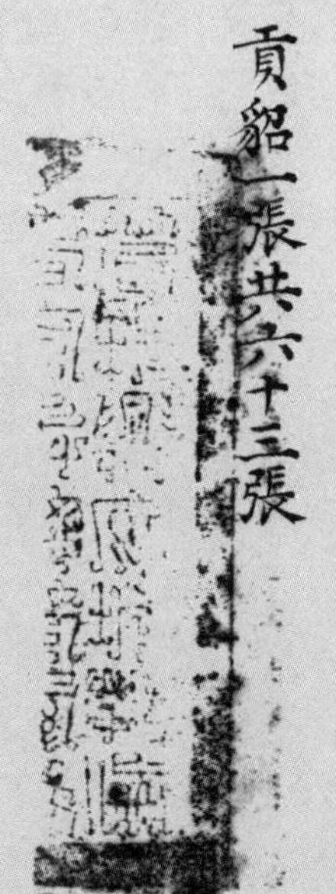

二佐佐领保忠派赴镇邉營

驍騎校　坤棟阿

領催委官　愛明阿

領催委官　吉農額

領催七品頂戴　來忠

領催　那松阿

披甲　依德恩扎普

披甲　平忠

披甲　鈕凌阿

披甲　喀奇瑪

披甲　扎密賢

披甲　塔勒畢善

披甲　鐵杆

披甲　蘇爾嘎善

披甲　博里産

披甲　倭爾欽楚

披甲　布爾都西烏尾

披甲　景福

披甲吉客善
披甲托普奇納
披甲亭木布善
披甲蒙古那蘇
披甲依鏗額
披甲鮑圖勒
披甲慶奇琛
披甲蘇爾嘎那
披甲嘎爾畢善

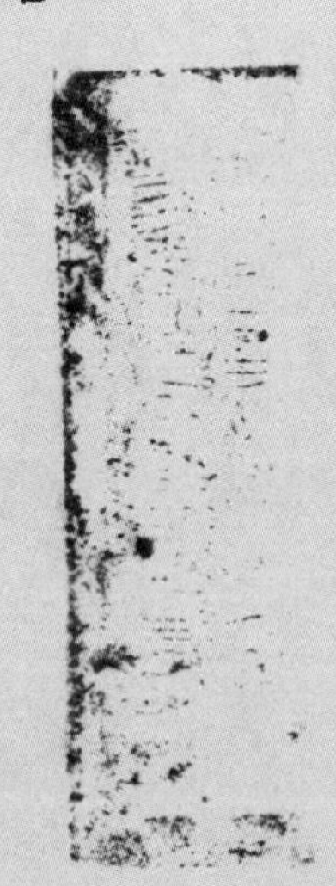

披甲西爾胡善

披甲托普奇雇

披甲揚哈善

披甲克爾格

披甲通耆

披甲托勒

披甲依禄善

披甲鐵善

披甲雙明

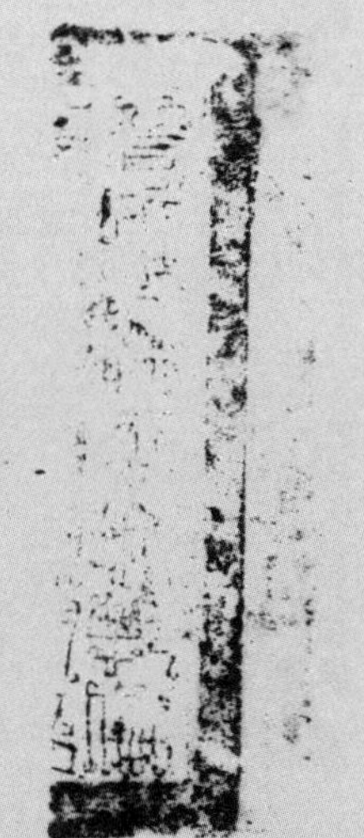

披甲吉松額

披甲森德欽

披甲正固

披甲伯英額

披甲懷明阿

披甲隋珠

披甲布林扎普

披甲圖普克

披甲里西琛

披　甲　白　蘇　産

披　甲　陳　德　訥

此一佐除派赴鎮邊營佐領一員披甲十七名外現在驍騎校一員領催委官二名領催二名披甲四十一名每名應交貢貂一張共四十六張

管理鑲紅鑲藍二旗副管依　明　額

鑲紅旗頭佐佐領尼　密　善

驍　騎　校　遺　缺　未　放

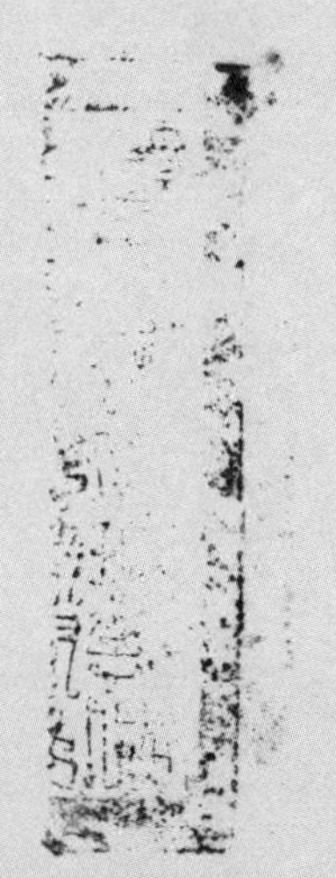

筆帖式　成明
領催委官　興耆
領催委官　伯翁科善
領催委筆帖式　貞廸善
領催　興德
披甲　貞廸善
披甲　興古訥
披甲　額爾登布庫
披甲　珠勒都喜

披甲　喀吉瑪

披甲　布庫訥

披甲　托勒多善

披甲　額爾根圖木爾

披甲　依善

披甲　英善

披甲　金都善

披甲　興珠訥

披甲　訥凌額

披甲 客尼善
披甲 额依蒙额
披甲 额依莫善
披甲 庆德
披甲 楚尔布善
披甲 图普春
披甲 刚布库
披甲 铁布连
披甲 布库春

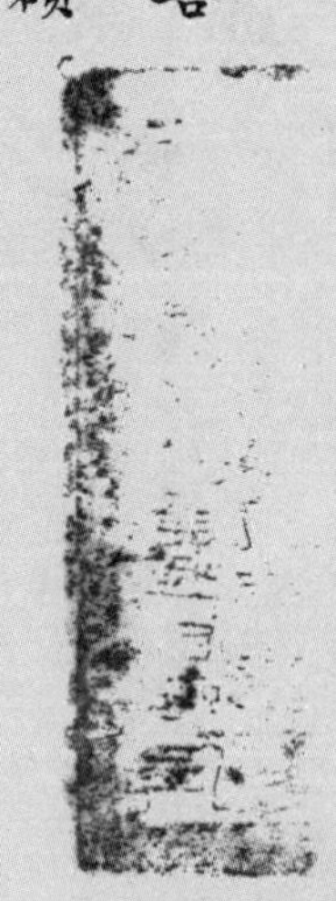

披甲 多果爾章

披甲 布庫善

披甲 丕興額

披甲 哈普塔海

披甲 哲凝額

披甲 白里

披甲 阿爾興阿

披甲 興格布

披甲 揚保

披甲諾喜

披甲吞棚阿

披甲精忠阿

披甲布爾顯

披甲莫凱

披甲文崇

披甲活波泰

披甲諾凌阿

披甲吉德善

披甲德寄善

披甲興德

披甲蒲木普庫

披甲賒努善

披甲賴達拉

披甲狄穆善

披甲平楚善

披甲文朋

披甲定奇

披甲 珠木丕善

披甲 托凝阿

披甲 崇古特依

披甲 阿爾綳阿

披甲 綽倫保

此一佐除未放驍騎校一員派赴鎮
邊營披甲五名外現在副管一員
佐領一員筆帖式一名領催委官二名領催二
名披甲五十四名 每 名

應交

貢貂一張共六十一張

二佐佐領病故遺缺未放

驍騎校　依農額

領催委官　來通阿

領催委官　阿爾剛阿

領催　勝慶

領催　明圖訥

披甲　依吉訥

披甲 圖克鄀善

披甲 圖瓦興阿

披甲 奔吉訥

披甲 恭吉訥

披甲 羅莫春

披甲 明圖善

披甲 温普焕

披甲 慶善

披甲 精奇訥

披甲　喜禄善

披甲　諾清阿

披甲　哲精額

披甲　訥依布善

披甲　曷木窩

披甲　和勒木爬

披甲　最撒

披甲　音布善

披甲　喀蘇岱

披甲精崇阿

披甲諾明阿

披甲排隆阿

披甲勝慶

披甲訥木清額

披甲德克吉善

披甲莫爾德

披甲倭吉業

披甲恭吉訥

披甲克普西琛

披甲恭精

披甲徵忠

披甲精奇善

披甲明忠

披甲精古善

披甲摇木少太善

披甲德寥善

披甲倭吉訥

披甲根珠善

披甲依吉善

披甲該穆喜

披甲訥木金

披甲博奔

披甲烏爾棍哲

披甲烏勒圖克

披甲保産

披甲托里善

披甲　舒容琛

披甲　諾賓善

披甲　蒙古特依

披甲　嘎塔

披甲　阿爾𠛰阿

披甲　平固訥

披甲　西德訥

披甲　興格布

披甲　常柱

披甲明春

披甲烏珠蒙庫

此一佐除未放佐領一員派赴鎮

邊營披甲一名外現在驍騎校

一員領催委官二名領催二名披

甲五十七名每名應交

貢貂一張共六十二張

正藍旗頭佐佐領慶善

驍騎校珠勤圖訥

領催委官　坤棟阿

領催委官　圖勒哈善

領催　明善

領催　吉穆德

披甲　布尼和

披甲　格善

披甲　林精額

披甲　錐明阿

披甲　諾霍岱

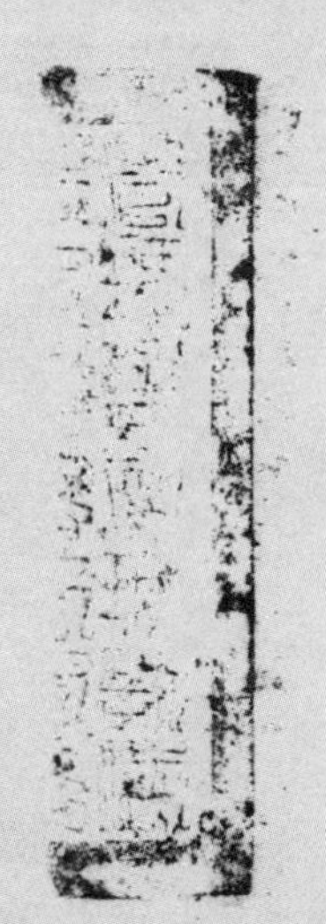

披甲 烏木善

披甲 占丕善

披甲 烏喀岱

披甲 托莫爾春

披甲 平古訥

披甲 扎弩善

披甲 岱容善

披甲 布勒唐阿

披甲 愛容善

披甲 迺蒴阿
披甲 清吉善
披甲 勤普特
披甲 欽撇
披甲 慶明
披甲 烏勤喜春
披甲 章吉善
披甲 里西琛
披甲 吉穆德

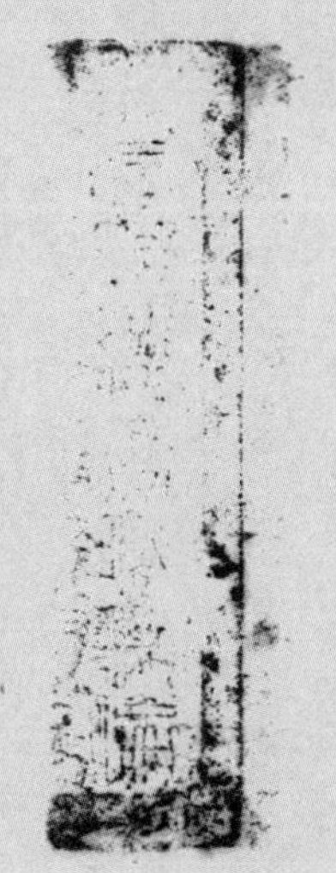

披甲隆吉善
披甲英哲
披甲賽必那
披甲達保
披甲愛興阿
披甲騰吉善
披甲明興
披甲羅倫保
披甲察密彥

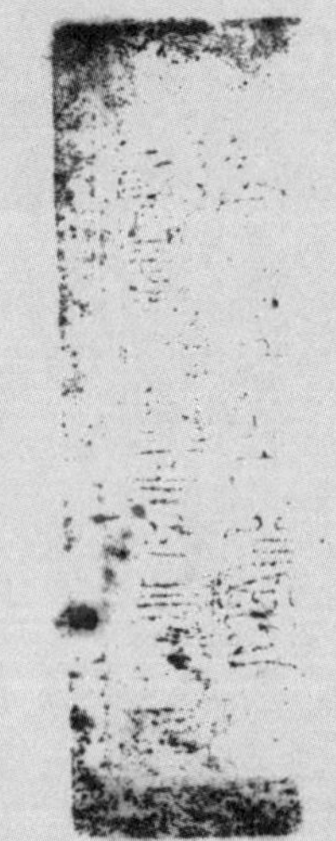

披甲阿克棟阿

披甲常福

披甲威珠善

披甲克木多善

披甲德依明

此一佐除派赴鎮邉營披甲二十二名外現在佐領一員驍騎校一員領催委官二名領催二名披甲三十名每名

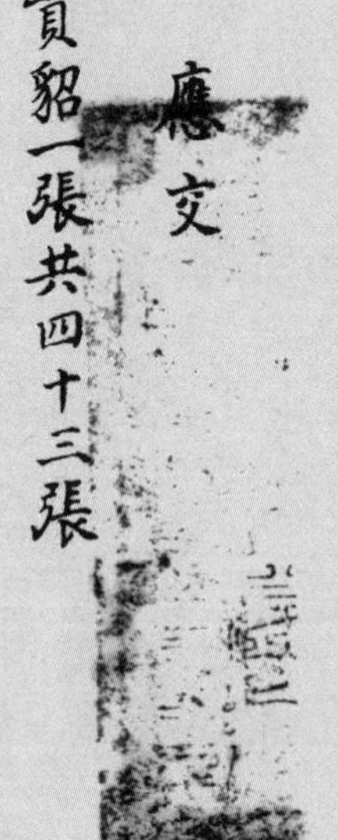
應文

貢貂一張共四十三張

二佐世管佐領休致赤襲

驍騎校遺缺未放

領催委官　花里雅善

領催委官　倭克精額

領催七品頂戴　翁庫善

領　催　哲克棟阿

披甲委筆帖式　哲克都善

披甲瑪察齊

披甲巴胡善

披甲楞庫善

披甲克砮善

披甲哲爾吉善

披甲氷克訥

披甲貝興額

披甲穆力善

披甲凌色

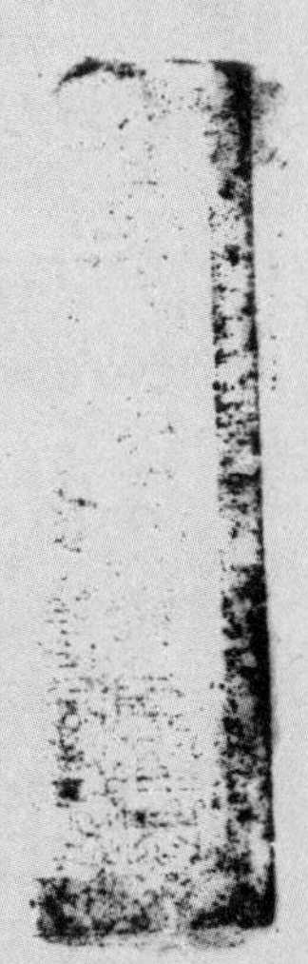

披甲 倭西琛

披甲 布塔善

披甲 白善

披甲 楞得依

披甲 都魯琛

披甲 正善

披甲 德勒和善

披甲 勒松額

披甲 温哲布

披甲　瑪薩喀

披甲　葂圖善

披甲　奇雅拉察

披甲　占忠阿

披甲　按丕琛

披甲　必善

披甲　平奇琛

披甲　圖普克

披甲　巴爾

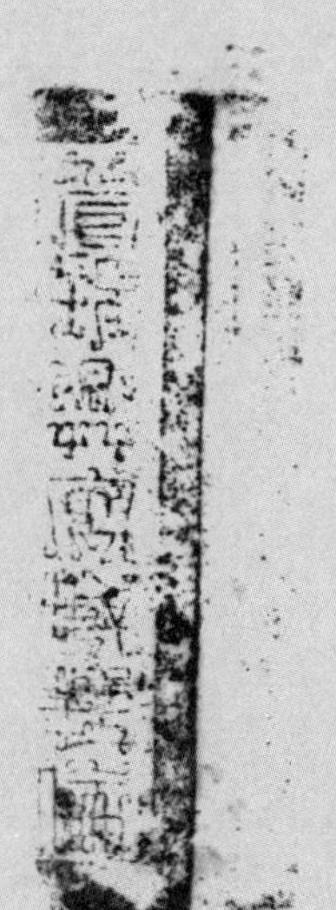

披甲 伯奇圖

披甲 正良

披甲 阿爾松阿

披甲 富爾固善

披甲 庫明額

披甲 穆凝額

披甲 干提善

披甲 霍吉那

披甲 托明阿

披甲　蒙古善

披甲　薩勒精阿

披甲　色爾吉琛

披甲　哲圖訥

披甲　卓羅布庫

此一佐除遺缺未襲佐領一員未放驍騎校一員派赴鎮邊營披甲十六名外現在領催委官二名領催二名披甲四十二名每名應交

鑲藍旗頭佐佐領多爾精阿

驍騎校　芮西琛

領催委官　額英克們都

領催委官　偏果產

領催　舍吉善

領催　尚阿爾圖

披甲　同格

披甲　布勒騰額

貢貂一張共四十六張

披甲　的克通額
披甲　精楚琛
披甲　阿勒唐阿
披甲　阿隆阿
披甲　西吉琛
披甲　遜吉產
披甲　精圖善
披甲　訥里善
披甲　額爾通額

披甲恭吉善

披甲布拉塔善

披甲禄西琛

披甲鮮凌阿

披甲圖興額

披甲文吉琛

披甲格舒琛

披甲慶凱

披甲色爾吞

披甲 奔吉善

披甲 白興阿

披甲 訥西琛

披甲 尚阿爾圖

披甲 博志

披甲 容西琛

披甲 德明額

披甲 翁吉善

披甲 穆克德琛

披甲平圖善

披甲天吉倫

披甲慶德

披甲齋明阿

披甲尚阿爾圖

披甲音珠產

披甲明珠產

披甲詼客琛

披甲徽珠琛

披甲　勒克車克

披甲　帖舒琛

披甲　提普庫勒

披甲　特西琛

披甲　抵普西琛

披甲　烏隆阿

披甲　保住爾

披甲　定吉善

披甲　明庫善

披甲尼隆阿

披甲吉農額

披甲森吉琛

披甲烏庫珠

披甲拉木產

披甲都勒古琛

披甲岳普奇產

披甲勝吉善

披甲定舒琛

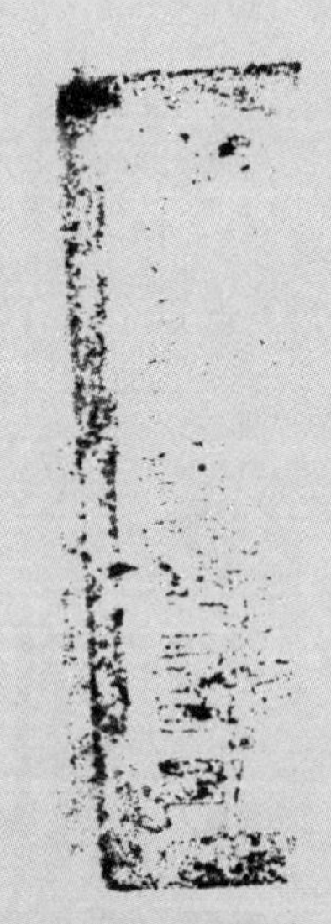

披甲　羅爾伯春

披甲　畢禄㻛

披甲　訥魯㻛

此一佐佐領一員驍騎校一員領催委官二名

領催二名披甲五十九名每名應交

貢貂一張•共六十五張

二佐佐領　新都善

驍騎校　田•崇阿

領催委官　烏吉㻛

領催委官 凝慶
領催 穆禄琛
領催 愛松阿
披甲 訥必琛
披甲 圖爾木爾哲
披甲 彦精阿
披甲 景訥
披甲 三珠琛
披甲 吉勒波產

披甲　精奇琛

披甲　愛松阿

披甲　楚勤朋阿

披甲　哲努

披甲　新德

披甲　伯布産

披甲　蒙古善

披甲　訥恩吉琛

披甲　諾善

披甲 諾西產

披甲 倫吉產

披甲 訥圖

披甲 莫諾霍

披甲 珠勒必琛

披甲 羌奇琛

披甲 穆祿莫

披甲 達拉阿

披甲 雅拉洪阿

披甲 興阿

披甲 西爾木琛

披甲 渾多勒

披甲 克奇芮

披甲 嘎塔彦

披甲 正農額

披甲 色普楚勒

披甲 森精額

披甲 音吉産

披甲白古產

披甲穆祿琛

披甲彥吉善

披甲興格

披甲音達渾

披甲遜必琛

披甲明訥

披甲格尼琛

披甲依車琛

披甲　崇阿

披甲　阿吉琛

披甲　額勒伯琛

披甲　白林珠

披甲　伯布訥

披甲　達爾達產

披甲　的克都琛

披甲　都新保

披甲　尼祿琛

披甲碩木平額

披甲特克興額

披甲莫木琛

披甲特依甯額

披甲韃木福

披甲齊容喜

此一佐除派赴鎮邊營披甲一名外現在佐領
一員驍騎校一員領催委官二名領催二名
披甲五十七名每名應交

貢貂一張共六十三張

以上八旗食半俸鄂倫春副管四員佐領十六員驍騎校十六員筆帖式四員領催委官三十二名領催三十二名披甲九百三十六名內除遺缺未放佐領五員驍騎校四員派赴鎮邊營佐領一領催一員披甲一百六十四名外現在副管四員佐領十員驍騎校十二員筆帖式四員領催委官三十二名領催三十二名披甲七百七十二名每名應交貂皮一張共交

貢貂八百六十六張為此呈遞

光绪十八年六月初三日

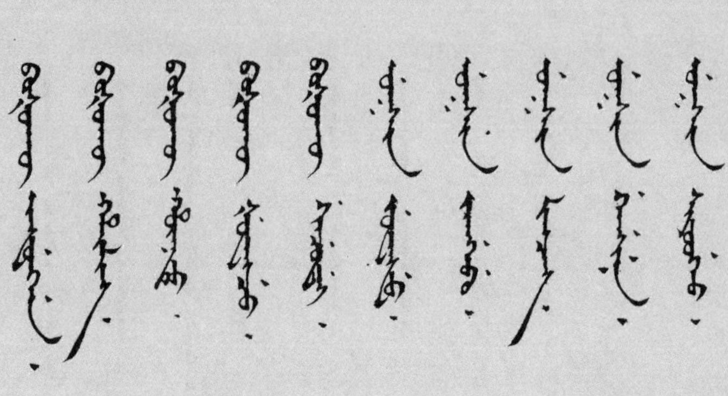

管理布特哈索伦达呼尔等处地方副都统衔总管福尔苏穆布等为呈报食饷摩凌阿鄂伦春贡貂牲丁旗佐职名册
致黑龙江将军（光绪十八年六月二十五日）

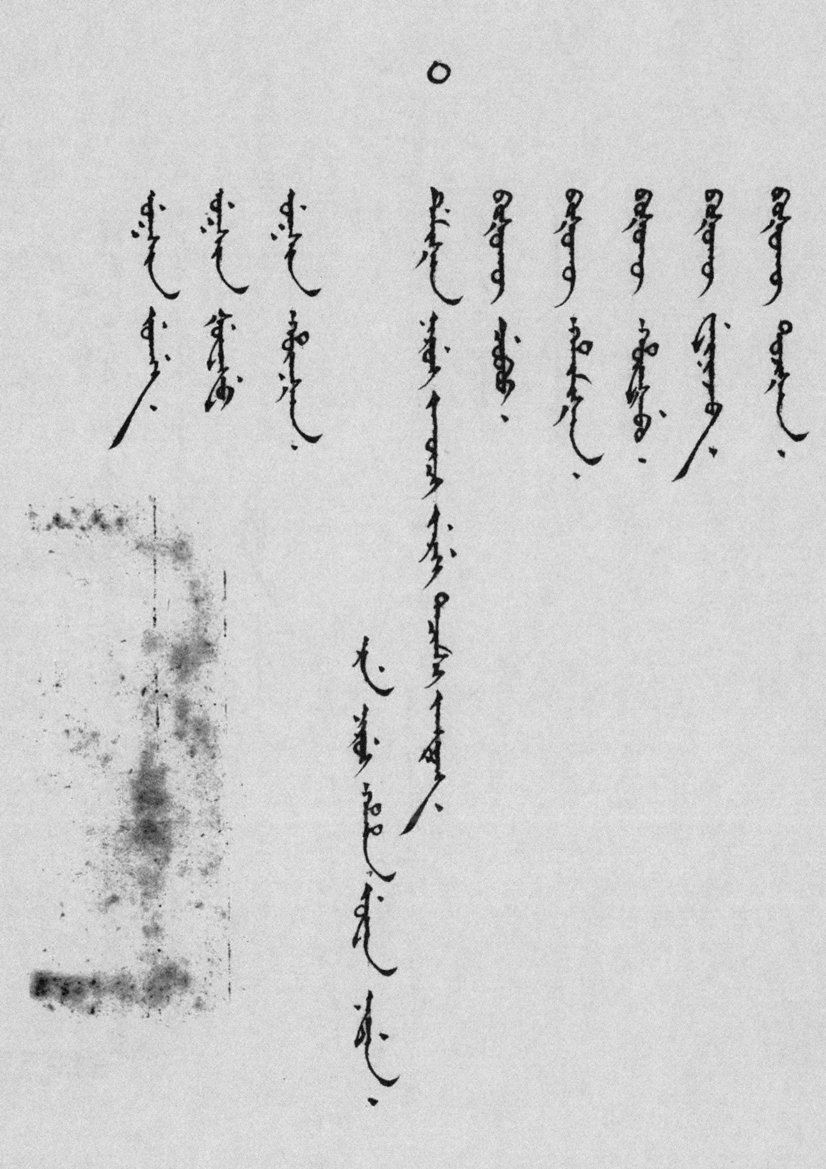

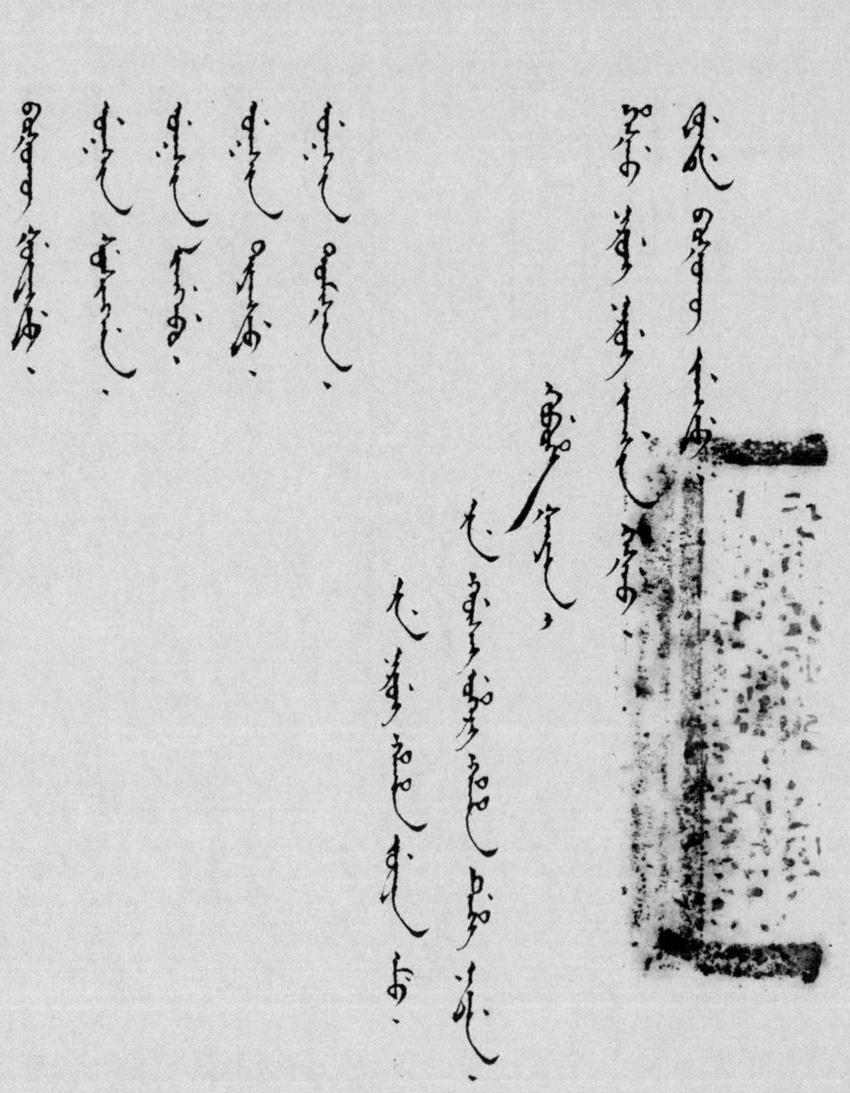

管理布特哈索伦达呼尔等处地方副都统衔总管福尔苏穆布等为呈报食饷摩凌阿鄂伦春贡貂牲丁旗佐职名册致黑龙江将军（光绪十八年六月二十五日）

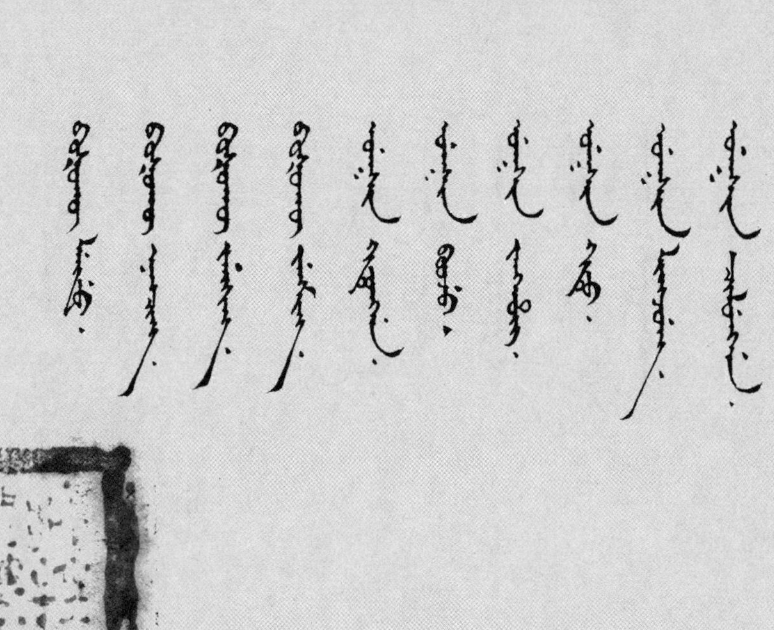

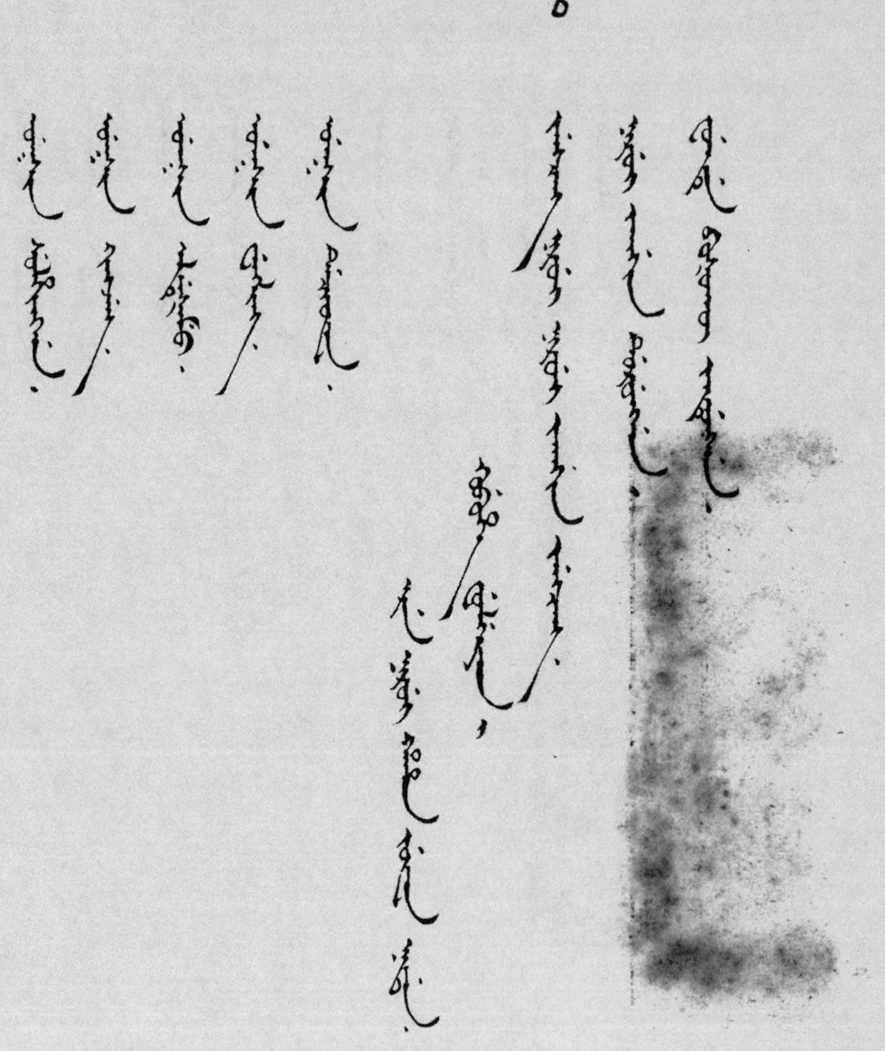

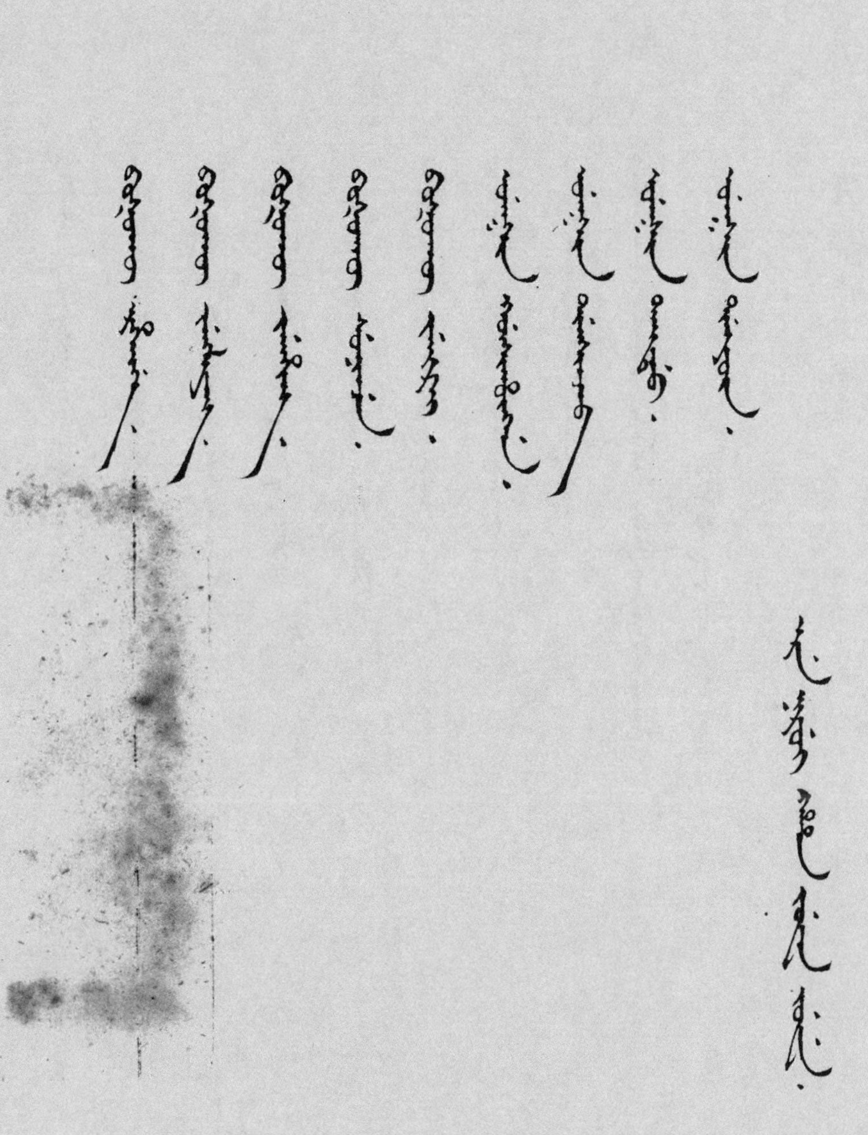

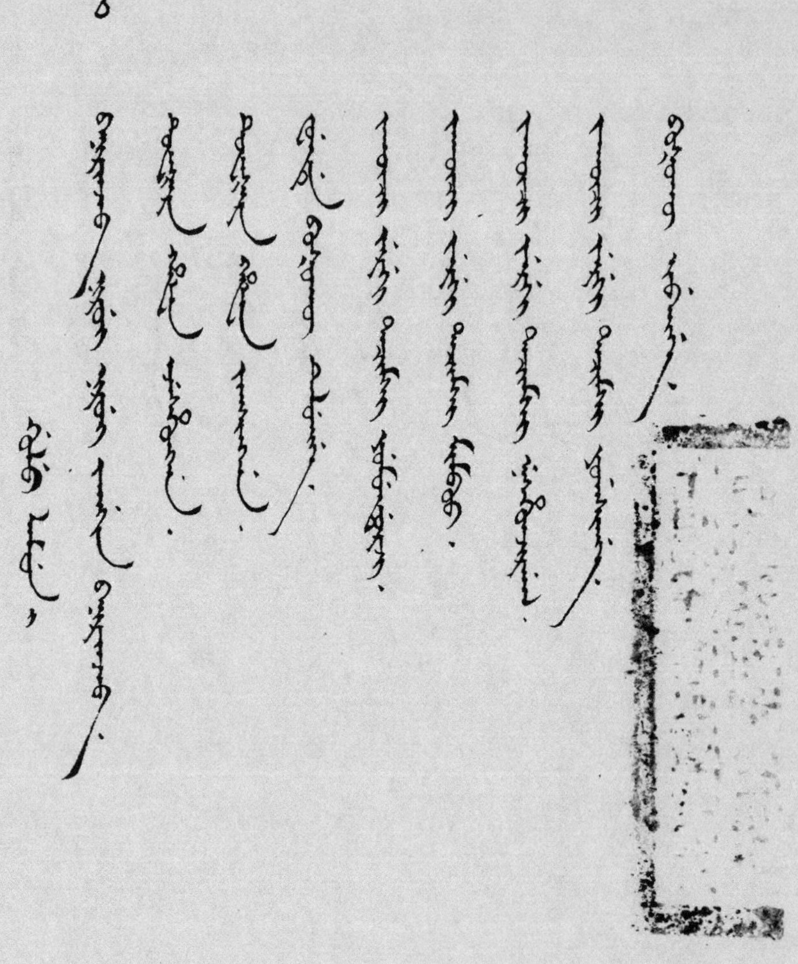

管理布特哈索伦达呼尔等处地方副都统衔总管福尔苏穆布等为呈报食饷摩凌阿鄂伦春贡貂牲丁旗佐职名册
致黑龙江将军（光绪十八年六月二十五日）

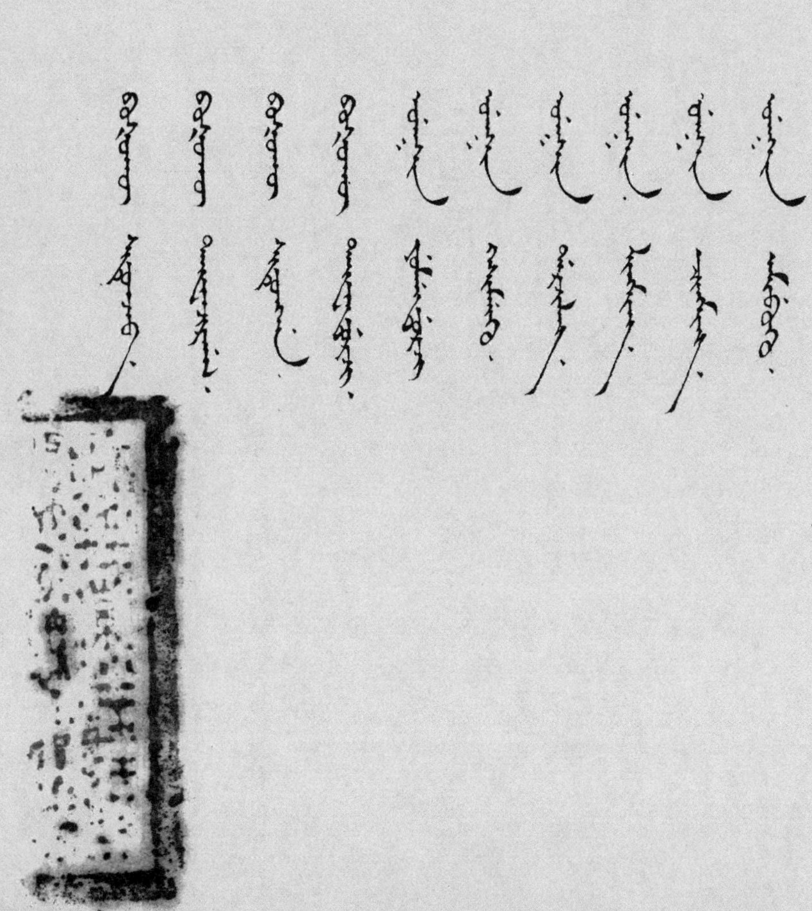

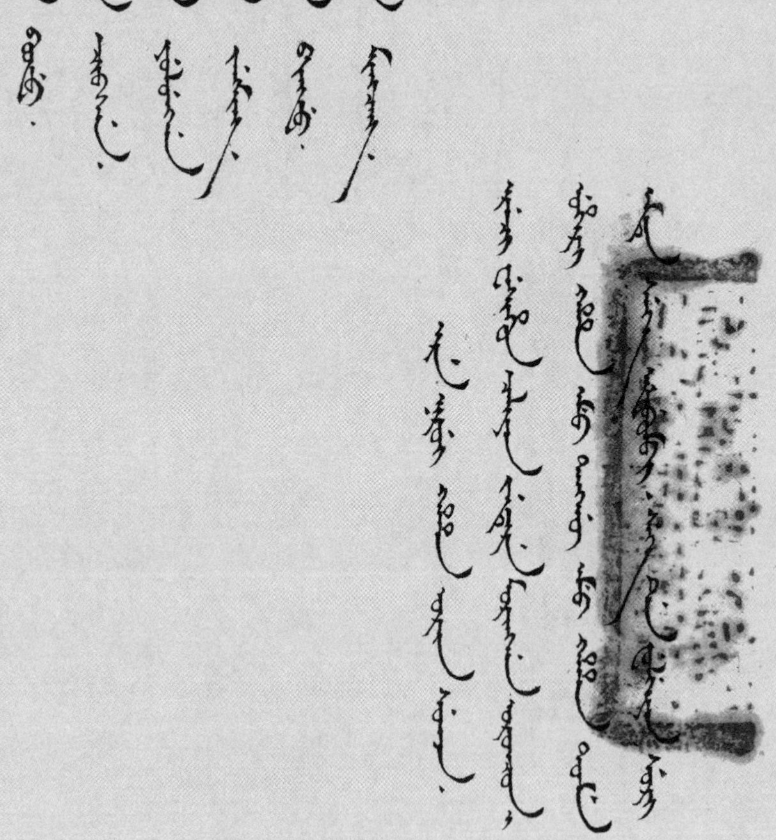

管理布特哈索伦达呼尔等处地方副都统衔总管福尔苏穆布等为呈报食饷摩凌阿鄂伦春贡貂牲丁旗佐职名册
致黑龙江将军（光绪十八年六月二十五日）

二一五七

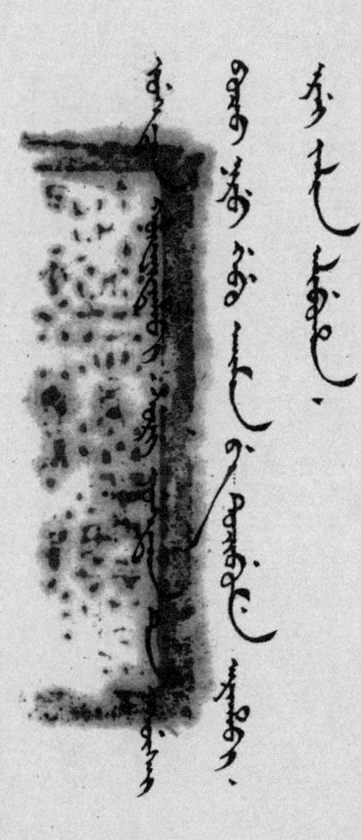

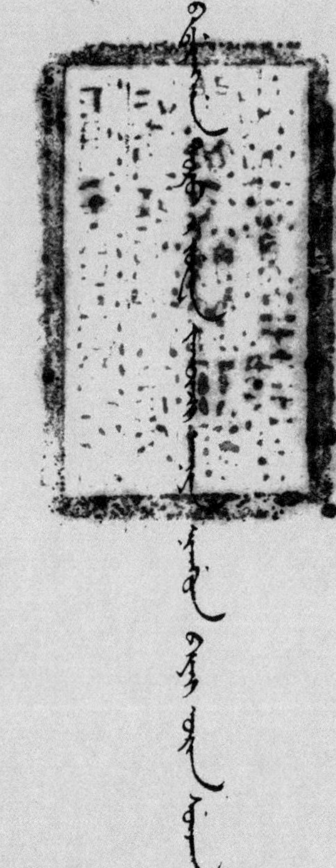